LE PEUPLE

AUX TUILERIES

PARIS. — IMPRIMERIE DE J. CLAYE
RUE SAINT-BENOIT, 7

LE PEUPLE
AUX TUILERIES

20 JUIN 1792

PAR

MORTIMER TERNAUX

PARIS

MICHEL LÉVY FRÈRES, LIBRAIRES ÉDITEURS

RUE VIVIENNE, 2 BIS, ET BOULEVARD DES ITALIENS, 15

A LA LIBRAIRIE NOUVELLE

—

1864

Tous droits réservés

AVIS DES ÉDITEURS

L'*Histoire de la Terreur*, de M. Mortimer Ternaux, a obtenu, dès son apparition, un succès que n'ont point épuisé deux éditions publiées presque coup sur coup.

Par les recherches laborieuses qu'il a nécessitées, par l'abondance des documents qu'il met en lumière, par le tour vif et énergique du récit, par la portée et la justesse des appréciations de l'auteur, cet ouvrage, quoique inachevé encore, compte déjà parmi ceux qui font autorité pour l'histoire de la Révolution française.

M. Mortimer Ternaux a bien voulu nous permettre de détacher successivement de son grand ouvrage les épisodes les plus intéressants et les plus dramatiques, de manière à offrir au public une série de volumes de 250 à 300 pages in-18, formant chacun un ouvrage séparé, et se rattachant tous néanmoins à une pensée commune.

Sous ce titre général : *les Grandes Journées de la Terreur,* nous donnerons des relations détaillées et authentiques du 20 juin, du 10 août et du 2 septembre 1792; du 21 janvier et du 31 mai 1793, etc., etc.; c'est-à-dire de toutes les crises qui précipitèrent le mouvement révolutionnaire, jusqu'au 9 thermidor, où le régime de la Terreur succomba sous la réprobation universelle.

Dans chacun de ces récits, on trouve non-seulement la peinture fidèle et complète de la journée même, mais aussi l'exposé de ses causes directes et de ses effets immédiats; seulement, le récit se présente dégagé de la plupart des pièces justificatives et des éclaircissements historiques qui enrichissent l'œuvre de M. Mortimer Ternaux.

Les lecteurs curieux d'embrasser l'ensemble des événements de la Révolution française et de les suivre dans tout leur développement, comme ceux qui veulent toucher eux-mêmes et vérifier les preuves de chaque assertion de l'écrivain, seront obligés de recourir à l'*Histoire de la Terreur,* qui, du reste, a déjà pris place dans les bibliothèques publiques et dans le cabinet des hommes d'étude.

Les lecteurs qui, au contraire, s'inquiètent

moins des recherches historiques que de leurs résultats, qui ne peuvent consacrer que peu de temps à l'étude des faits culminants de l'époque révolutionnaire, puiseront, en quelques heures, dans notre nouvelle publication, une connaissance exacte et précise des événements dont le contre-coup se fait sentir, chaque jour encore, dans toutes les crises de la politique contemporaine.

Par cette combinaison, nous croyons rendre un véritable service à cet immense public qui veut s'instruire, mais s'instruire rapidement, et qui trouvera dans les véridiques récits de **M. Mortimer Ternaux** ce que, d'ordinaire, on cherche dans les seuls romans : un intérêt soutenu et de vives émotions.

LE

20 JUIN 1792

I.

Au commencement de 1792, la France se trouvait dans cette période d'affaissement qui, chez une nation comme chez un individu, suit tout grand effort physique ou moral. Le parti constitutionnel avait perdu ses illusions; le parti royaliste avait recouvré ses espérances; le parti démagogique, croyant toucher au but de ses désirs, redoublait d'ardeur et d'audace. Chacun pressentait qu'on était à la veille de voir s'opérer de nouveaux déchirements. Mais au profit de quel parti ces déchirements tourneraient-ils? Là était toute la question!

La constitution de 1791, mise en pratique depuis

quelques mois, était jugée tellement défectueuse que ses auteurs mêmes reconnaissaient l'indispensable nécessité de la modifier. Il fallait revenir en arrière ou marcher en avant. Mais, dans le premier cas, à quelle limite s'arrêter? Faudrait-il remonter au point de départ, à cet ancien régime que l'on avait détruit aux applaudissements presque unanimes de la nation? Adopterait-on le système des deux chambres que l'on avait rejeté comme trop aristocratique? Ou bien n'y avait-il qu'à conserver la constitution en donnant plus de force et d'autorité au pouvoir exécutif complétement désarmé? Ceux qui voulaient revenir en arrière étaient divisés entre eux par mille nuances diverses; ceux qui voulaient marcher en avant étaient, au contraire, tous d'accord sur le premier article de leur programme : renverser la monarchie, sauf à s'entre-déchirer dès qu'il s'agirait d'en partager les dépouilles.

Malgré les espérances que le parti de l'ancien régime puisait dans les échecs successifs que venaient d'éprouver les constitutionnels, il fallait qu'il fût bien aveugle pour croire que la monarchie de Louis XIV pût être restaurée en 1792. Où étaient les éléments constitutifs de l'état de choses que la révolution avait renversé? Qu'étaient devenues les trois colonnes fondamentales du vieil édifice monarchique : les parlements, la noblesse, le clergé? Abattues, brisées, elles gisaient sur le sol, et nulle puissance humaine n'aurait réussi à les relever.

Mais, s'il était impossible de restaurer l'ancienne monarchie, n'était-il pas au moins possible d'empêcher la nouvelle de tomber? Il eût fallu pour cela que le roi comprît la véritable situation des choses et fût doué d'une grande fermeté de caractère. Or, le jour même de son avénement au trône, Louis XVI avait commencé cette longue série de tergiversations qui, après tant de projets tour à tour adoptés, rejetés, repris, modifiés, après tant de consentements donnés, interprétés, rétractés, amena la chute de la monarchie et conduisit le monarque au Temple, où il n'eut plus qu'une pensée, celle de mourir en chrétien.

Louis XVI fut toujours de bonne foi dans les résolutions si diverses qu'il prit durant les dix-huit années de son règne; mais son peu de persévérance dans ses desseins fut, pour lui et ses amis, plus funeste cent fois que la plus machiavélique duplicité.

Pendant les quinze années que Louis XVI exerça le pouvoir absolu, pendant les trois ans qu'il régna comme roi constitutionnel, la même cause amena le même résultat, celui de frapper d'impuissance tous les dévouements, d'user en un instant tous les hommes et tous les systèmes. Calonne tombait deux jours après avoir fait destituer son adversaire, le garde des sceaux Miromesnil (avril 1787); Dumouriez se voyait refuser l'accomplissement des promesses qu'on lui avait faites quarante-huit heures auparavant, pour le déterminer à renvoyer avec éclat Roland, Servan et Clavières (juin 1792). Louis XVI se détachait aussi facilement, à quinze ans d'intervalle, de Turgot que de Narbonne, les deux seuls hommes peut-être qui eussent pu conjurer la tempête.

Avec ces changements continuels de noms, de personnes et de systèmes, il était impossible d'avoir un plan sagement étudié, profondément mûri, suivi avec persistance et énergie. Cependant, comment résister à la tourmente au milieu de laquelle la royauté était déjà si fortement engagée? comment, à travers tant d'écueils, atteindre un port quelconque? et même quel était le port dans lequel la royauté aurait pu chercher un refuge? Personne ne l'eût pu dire, et le monarque moins que tout autre. Sans boussole, sans guide, Louis XVI tantôt s'abandonnait, les yeux fermés, au flot toujours montant de la révolution, et tantôt essayait de lutter contre lui. Les mesures qu'il avait obstinément rejetées la veille, il les acceptait le lendemain, pourvu qu'elles lui fussent présentées sous une autre forme; il suivait tour à tour les directions les plus opposées, souscrivait aux solutions les plus contradictoires, mais surtout, par ses hésitations prolongées, empirait les situations les plus graves.

A cette perpétuelle incertitude, l'infortuné monarque joignait une timidité insurmontable qui était bien de nature à glacer, dans le cœur de ses plus fidèles serviteurs, le dévouement le plus chaleureux. Aussi ses intentions, ses démarches étaient-elles facilement calomniées; sa bonté naturelle, son amour sincère pour le peuple étaient-ils niés et tournés en ridicule par des écrivains qui, plus tard, donnèrent le nom de *tyran* au meilleur des hommes et au plus humain des rois.

La reine Marie-Antoinette ne ressemblait en rien à son époux ; mais on a voulu trop souvent lui attribuer, dans le grand drame de la Révolution française, le rôle qu'avait joué quarante ans auparavant, auprès de la diète de Hongrie, l'héroïque Marie-Thérèse, sa mère. Elle l'aurait voulu, qu'il n'aurait pas été en son pouvoir de s'en saisir. Marie-Thérèse tenait ses droits d'elle-même, et pouvait elle-même les revendiquer. Marie-Antoinette était étrangère, Autrichienne, suspecte dès lors par son origine à une partie de la cour et de la nation. Cette princesse, qui devait épuiser jusqu'à la lie toutes les amertumes et toutes les douleurs, qui, après avoir été la plus adulée des reines, devait être la plus infortunée des épouses et des mères, n'était pas la femme forte que l'imagination des poëtes et des historiens a rêvée. Douée d'une âme sensible et tendre, elle avait besoin des épanchements de l'amitié, elle se laissait aller trop facilement aux confidences les plus intimes et souvent les plus compromettantes. Dévouée à ses amis, elle ne connaissait aucun obstacle pour les servir, et elle ignorait tous les dangers des coteries princières, les pires de toutes, parce qu'elles sont les plus exclusives. Conseillée par des amis imprudents qui ne comprenaient ni les hommes ni les événements de leur époque, elle s'abandonnait sans mesure et sans prudence aux regrets que lui inspiraient la chute du pouvoir absolu et l'éloignement de ses amis les plus intimes. Elle était, comme le roi, en proie aux plus cruelles incertitudes, mais ces incertitudes ne portaient pas sur le même objet : Louis XVI ne savait pas s'il devait ou non être roi constitutionnel; Marie-Antoinette savait qu'elle ne voulait pas qu'il le fût. Hésitant quelquefois sur les moyens, jamais sur le fond des choses, elle n'avait aucun système arrêté; elle ne fut ferme que dans ses répugnances et dans ses ressentiments. Elle ne pouvait surtout pardonner aux grands seigneurs qui avaient embrassé le parti populaire, et, à son sens, trahi leur caste, crime irrémissible à ses yeux. Elle usa de toute l'influence que la cour pouvait avoir encore dans Paris pour faire élever Pétion à la place de maire, lorsque Bailly donna sa démission et que les constitutionnels voulurent le remplacer par La Fayette. Nous verrons bientôt comment Pétion la récompensa du concours qu'elle lui avait prêté dans cette circonstance, où royalistes et jacobins votèrent avec les mêmes bulletins. Elle donna un instant à Barnave, et encore peut-être parce qu'il était né plébéien, une confiance qu'elle avait refusée à Mirabeau, et qu'au dernier moment elle refusa à Dumouriez. Elle rejeta les offres du duc de Liancourt qui lui promettait, à Rouen, un asile assuré, et cela parce qu'il avait été de la minorité de la noblesse en 1789. Car, il faut le reconnaître, les dernières mains qui furent tendues à la reine avant la crise fatale qui emporta le trône furent des mains constitutionnelles ; à cause de cela même elle les dédaigna. Elle craignait tous les secours venant de l'intérieur, parce qu'il aurait fallu compter plus tard avec ceux qui les auraient donnés ; elle tournait les yeux vers les armées de la coalition, sans se rendre un compte bien exact de ce qu'elle désirait.

Après le retour de Varennes, le parti républicain fit son apparition sur la scène révolutionnaire. Abattu un instant par la vigoureuse répression des constitutionnels (journée du 17 juillet 1791, au Champ de Mars), il avait bientôt reformé ses rangs ; ses écrivains, un instant terrifiés, avaient repris leurs plumes ; ses orateurs, qui s'étaient cachés, étaient retournés pérorer à la tribune des Jacobins et des Cordeliers.

Tous ces chefs, tous ces écrivains, tous ces orateurs paraissent unis dans les mêmes pensées ; mais déjà secrètement ils se jalousent, ils se détestent ; les gens clairvoyants peuvent déjà apercevoir les nuances qui vont bientôt séparer tous ces hommes et en faire des ennemis irréconciliables. Plusieurs sont sincères dans leurs illusions ; ils rêvent la république de Sparte avec les mœurs d'Athènes ; ils croient qu'ils pourront renverser un trône, se donner des magistrats vertueux, incorruptibles, exempts de toute ambition, puis aller dans un festin se couronner de roses et s'endormir dans les loisirs d'une élégante volupté. Infortunés ! qui ne furent que des artistes politiques, qu'on appellera plus tard Girondins, et que Marat désignera par ironie sous le nom d'hommes d'État ! Ils ne se réveillèrent qu'au pied de la guillotine.

Parmi les chefs qui marchent déjà sous une autre bannière, les uns, comme Danton et ses amis, cherchent la satisfaction de leurs appétits brutaux ; ils veulent à tout prix acquérir ces honneurs et ces richesses qui doivent être pour eux la source de toutes les jouissances. Les autres, comme Robespierre et Marat, sacrifiant à des dieux différents, ne voient, dans le cataclysme qui se prépare, que le triomphe de leur orgueil. Ils aspirent à la toute-puissance, afin d'écraser leurs ennemis sous leurs pieds et de goûter le suprême plaisir de la vengeance. Plus ils ont été jusqu'ici bafoués, honnis, ridiculisés, plus ils veulent faire repentir l'humanité du crime impardonnable dont elle s'est rendue coupable en les méconnaissant.

Au-dessous de ces chefs, se cachent des hommes que la peur seule fait agir. Ils se sont réfugiés dans les rangs du parti jacobin pour que l'on ne songe pas à leur reprocher leurs défaillances passées, leurs antécédents suspects, les souvenirs des castes nobiliaires ou sacerdotales auxquelles ils ont appartenu. Ils veulent donner des gages irrécusables de leur dévouement à la démagogie, et croient qu'ils ne peuvent effacer le péché originel dont ils sont entachés que par un baptême de sang.

Plus bas encore, s'agite cette masse flottante d'individus qui, n'ayant pu trouver place ni parmi les réactionnaires ni parmi les constitutionnels, veulent à toute force jouer un rôle. Ces hommes-là n'ont ni but politique, ni principe déterminé ; ils ne forment pas une faction, pas même une conspiration nettement définie, franchement organisée. C'est une tourbe, montant résolûment à l'assaut du pouvoir parce qu'elle espère, une fois maîtresse de la place, s'y livrer impunément au vol et au pillage [1].

Le parti démagogique, grâce à l'apathie et à l'indifférence qui s'étaient emparées de la masse de la population parisienne, débusquait successivement ses adversaires de toutes les positions qu'ils avaient d'abord occupées sans conteste.

Au commencement de novembre 1791, Bailly avait donné sa démission de la place de maire de Paris, qu'il occupait depuis deux ans et demi, et sur 80,000 citoyens appelés à voter, 10,300 seulement avaient pris part au scrutin ouvert pour son remplacement.

Pétion avait été élu par 6,600 voix contre 3,000 données à La Fayette.

---

1. « Beaucoup de gens, avides des faveurs de la fortune et cherchant à les extorquer à tout prix, s'étaient jetés dans le parti populaire contre la cour, prêts à servir celle-ci pour son argent, prêts à la trahir si elle devenait la plus faible. » (*Mémoires de Madame Roland*, p. 56 de la 1re partie, 1re édition.)

A la même époque, Manuel, homme de lettres plus que médiocre, avait été élu procureur-syndic de la Commune; près de lui était venu siéger Danton qui, appelé, quelques mois auparavant, au conseil général du département, préféra la place plus lucrative et plus influente de substitut du procureur-syndic de la Commune [1]. La loi avait fixé aux derniers jours de 1791 le renouvellement de la moitié de la municipalité parisienne, et ce renouvellement y avait amené des individus pris dans d'autres classes, dans d'autres conditions sociales, et imbus naturellement d'autres idées que ceux qui composaient le corps municipal au moment de sa première formation, en

---

1. Danton avait été élu au commencement de septembre 1790, par la section du Théâtre-Français, membre du conseil général de la Commune. Sur les 144 membres élus à cette époque, il fut le seul écarté par la majorité des sections, en vertu d'un droit d'ostracisme que la loi leur conférait sur leurs choix réciproques; trois sections se déclarèrent pour lui : celles du Théâtre-Français, du Luxembourg et de Mauconseil. Ce furent, pendant tout le temps de la Révolution, ces sections qui professèrent les principes et soutinrent les hommes les plus exagérés. Danton prit bientôt sa revanche, et, par un revirement singulier d'opinion, celui dont la majorité des électeurs primaires n'avait pas voulu comme simple membre du conseil général de la Commune fut élu, cinq mois plus tard, par les électeurs du deuxième degré, au conseil général du département (février 1791). Il y formait à peu près à lui seul la minorité. L'année suivante (janvier 1792), il fut présenté en concurrence avec Manuel pour être procureur-syndic de la Commune. Manuel ayant été élu, il se contenta de la place de

1790. Le niveau de l'intelligence et du savoir s'était abaissé dans ce conseil, que la force des circonstances allait appeler à jouer un si grand rôle dans les événements qui se préparaient. Les élections faites dans le sein du corps municipal avaient placé à la tête de la police deux hommes nouveaux, Panis et Sergent, l'un avocat sans causes, l'autre artiste sans talent. Leurs noms, aujourd'hui entourés d'une effroyable célébrité, étaient alors inconnus et n'excitaient aucun ombrage. Ces deux hommes ne tardèrent pas à s'emparer de l'immense influence que donne le maniement de la police dans une ville comme Paris, et tinrent à l'écart leurs deux collègues plus anciens,

substitut. Il y fut nommé au deuxième tour de scrutin par 1,162 voix sur 80,000 électeurs inscrits ! Nouvelle preuve du funeste système d'abstention que les modérés pratiquaient à cette époque, au grand détriment de la chose publique. Au début de sa carrière politique, ce tribun célèbre avait, semble-t-il, des velléités aristocratiques assez prononcées. Nous avons entre les mains un recueil de pièces imprimées par ordre du district des Cordeliers, au sujet du décret de prise de corps lancé contre Marat par le Châtelet, le 8 novembre 1789; le nom et la signature de Danton reviennent à chaque instant dans ces pièces et sont toujours écrits avec une apostrophe qui sépare la première de la seconde lettre de ce nom fameux dans les fastes démagogiques. L'écrit sort des presses de Momoro, qui s'intitulait premier imprimeur de la Liberté nationale et qui était alors l'ami intime de Danton; il est imprimé par ordre du district des Cordeliers, où Danton régnait déjà presque en maître; le consentement du tribun à cette manière d'orthographier son nom n'est donc pas douteux.

Vigner et Perron, en attendant qu'ils fissent destituer l'un et égorger l'autre[1].

De toutes les autorités qui siégeaient dans la capitale, une seule était franchement constitutionnelle : c'était le conseil général du département, que l'on appelait alors le département de Paris.

Le département avait déjà, dans plusieurs circonstances mémorables, résisté à l'entraînement de la municipalité parisienne. Il avait notamment élevé la voix en faveur de la liberté religieuse et contre la surveillance inquisitoriale exercée sur la famille royale. Le directoire, pris dans le conseil et saisi de

---

[1]. Perron, qui siégeait au département de police depuis 1790, et qui n'avait pas su toujours résister, dans les derniers temps, aux exigences de ses collègues Panis et Sergent, fut sacrifié par eux aussitôt qu'il marqua quelque hésitation à les suivre dans la route qu'ils s'étaient tracée. Conservé dans sa place d'administrateur le 10 août, jour où on avait encore besoin de sa signature pour l'expédition de certains ordres et surtout pour la délivrance des poudres, il fut arrêté le 21 par les ordres du nouveau Comité de surveillance et de salut public, conduit à l'Abbaye et égorgé le 4 septembre. Voici le texte de l'écrou et de l'arrêt de mort du malheureux Perron.

Extrait du registre d'écrous de la prison de l'Abbaye.

Du 21 août 1792.	Du 4 au 5 septembre 1792.
Le sieur Perron a été écroué par ordre des membres du Comité de surveillance et de salut.	MORT. Le sieur Perron a été jugé par le peuple et exécuté sur-le-champ*.

* Cette mention est entièrement de la main de Maillard.

toutes les mesures d'administration, était présidé par le vénérable duc de La Rochefoucauld-d'Anville, et comptait dans ses rangs Anson, Talleyrand, Desmeuniers, Beaumetz, quatre anciens constituants. Le procureur général syndic était Rœderer. Celui-ci prêchait la tolérance, la conciliation même, lorsque déjà elles n'étaient plus possibles.

A mesure que l'année 1792 s'avançait, les démagogues redoublaient d'audace dans leurs essais de destruction. Rien ne servit mieux leurs desseins que le triomphe des Suisses de Châteauvieux, promenés dans Paris comme des martyrs de la liberté (15 avril), et l'envahissement du château des Tuileries par les émeutiers des faubourgs Saint-Antoine et Saint-Marceau (20 juin).

Dans la journée du 15 avril, on vit la démagogie célébrer le mépris des lois, la violation de la discipline militaire comme des vertus civiques, dignes de l'admiration universelle, déifier, sous les yeux d'une foule ignorante, ce que jusqu'alors tout le monde avait considéré comme infamant : le bonnet et la rame du galérien !

Dans la journée du 20 juin, la démagogie, de plus en plus audacieuse, osa envahir l'asile inviolable du représentant héréditaire de la nation, se mesurer face à face avec la royauté, et coiffer du bonnet rouge la tête de Louis XVI, cet infortuné monarque qu'elle devait, sept mois plus tard, conduire de la prison du Temple à l'échafaud.

Ces deux journées se tiennent; la première n'est que le prologue de la seconde.

II.

Les ennemis du roi et de la liberté constitutionnelle avaient compris qu'ils devaient avant tout détruire la discipline de l'armée, déjà très-fortement ébranlée depuis trois ans. Pour réaliser le plan secret de leur politique désorganisatrice, il fallait que l'alliance de la soldatesque et de la populace fût cimentée à la face du pays par une grande démonstration, que les pouvoirs constitués parussent y donner leur assentiment, que la nation entière eût l'air d'en être la complice; il fallait habituer aux fêtes patriotiques et aux processions séditieuses les masses qui adorent tout ce qui est théâtral et emphatique, les y faire intervenir juste assez pour les mettre en goût d'émeute et d'agitation, et de manière cependant à ne pas trop effrayer les gens à courte vue qui ne croient au danger que lorsqu'il n'est plus temps de le conjurer.

On inventa donc, comme machine de guerre, la grande infortune des Suisses de Châteauvieux, et l'on fit passer pour des héros quarante malheureux soldats qui avaient été envoyés aux galères pour des faits patents de révolte, de meurtre et de pillage.

Afin de mettre nos lecteurs à même de juger si ces héros méritaient l'admiration publique, nous rappellerons en peu de mots leur histoire.

Sous l'ancien régime, les régiments français et étrangers se recrutaient à prix d'argent dans les tavernes et les bouges des grandes villes. Cet ignoble trafic se faisait non-seulement par des sous-officiers qui, pour arriver à leurs fins, employaient souvent la fraude et la violence, mais encore par les officiers eux-mêmes, qui ne pouvaient obtenir de congés de semestre que sous la condition de ramener au moins deux hommes de recrue avec eux. Les officiers, qui avaient acheté leurs brevets à prix d'argent, spéculaient parfois, il faut le reconnaître, sur la paye et les menues dépenses de leurs subordonnés. Dans une organisation pareille, que de motifs de récriminations, que de causes de conflits!

Le mouvement qui agitait tous les esprits en 1789 devait avoir et eut, en effet, un contre-coup inévitable dans l'armée; des symptômes effrayants d'insubordination se manifestèrent parmi un grand nombre de régiments. Les gardes françaises donnèrent l'exemple à Paris; il fut suivi par d'autres corps à Marseille, à Grenoble, à Metz. Bientôt, dans la plupart des régiments, se formèrent des comités composés de sous-officiers et de soldats qui, après avoir discuté sur leurs droits, mirent bientôt en question ceux de leurs supérieurs.

Peut-être serait-on parvenu à couper par la racine toutes les causes, sans cesse renaissantes, de récriminations, à éteindre d'un seul coup tous les ressentiments, toutes les rancunes, si l'on avait suivi le conseil donné par Mirabeau, lorsqu'il proposait d'opérer une refonte générale de tous les régiments. Mais le ministre de la guerre, obéissant à certaines arrière-pensées, ne voulut point entendre parler de ce projet; les événements se chargèrent de démontrer combien était profond le mal auquel on avait hésité à porter un remède héroïque.

Ce fut à Nancy, dans les premiers jours d'août 1790, qu'éclatèrent les désordres dont tous les actes d'indiscipline antérieurs n'avaient été que le prélude. La garnison de l'ancienne capitale de la Lorraine se composait d'un régiment de cavalerie (mestre de camp), de deux régiments d'infanterie, l'un français (le régiment du roi), l'autre suisse (celui de Châteauvieux). Le 2 août, le régiment du roi se soulève en prenant fait et cause pour un soldat que l'on veut envoyer en prison. A la prière de la municipalité, le commandant militaire révoque les ordres sévères qu'il a donnés. Mais la faiblesse encourage l'indiscipline[1]; quelques jours après, le régiment formule de nouvelles exigences, et l'insubordination reste impunie.

---

1. « Faiblesse imprudente, dit lui-même à cette occasion M. Louis Blanc (*Histoire de la Révolution*), premier ébranlement donné à la discipline, qui meurt si elle cesse un instant d'être écrasante et inexorable. »

Pendant ce temps, l'Assemblée constituante, avertie par le ministre des tristes faits d'indiscipline qui éclataient de toutes parts, s'empresse, sur la proposition d'Emmery, rapporteur ordinaire du comité de la guerre, de décréter que toute association établie dans les régiments devra cesser à l'instant même; que le roi sera supplié de nommer des officiers généraux pour apurer, en présence des officiers responsables et d'un certain nombre de soldats, les comptes des régiments depuis six années; qu'il est libre à tout officier, sous-officier et soldat de faire parvenir directement ses plaintes aux officiers supérieurs, au ministre et à l'Assemblée nationale; mais que toute nouvelle sédition, tout mouvement concerté entre les divers régiments au préjudice de la discipline militaire, sera poursuivi avec la dernière sévérité.

Ce décret, rendu le 6 août, est bientôt connu en substance à Nancy, mais il ne satisfait pas les soldats indisciplinés de cette garnison. Le 10, le régiment du roi réclame ses comptes, et parvient à arracher un premier payement de 150,000 livres. Le 11, Châteauvieux délègue deux soldats vers le major pour exiger l'argent qu'il prétend lui être dû. Les deux pétitionnaires sont emprisonnés et passés par les courroies. A cette nouvelle, les régiments du roi et mestre de camp prennent les armes, délivrent les prisonniers, et, l'épée au poing, obligent le colonel à les réhabiliter. Le lendemain, devait être solennellement proclamé le décret de l'Assemblée nationale ; mais, en raison des événements intervenus, le commandant de place remet la cérémonie et consigne les régiments dans leurs casernes. Les deux régiments ne tiennent compte de cet ordre, et viennent se ranger en bataille sur la place Royale, ayant chacun dans ses rangs un des deux prisonniers suisses. Le commandant a la faiblesse de céder aux vœux des rebelles ; il proclame le décret du 6 août, à la face de la révolte [1], et fait accorder cent louis de dédommagement à chacun des deux soldats qui avaient été passés par les courroies ; bien plus, 27,000 livres sont payées au régiment de Châteauvieux et dépensées le soir même dans un grand banquet offert par lui aux deux autres régiments, qui l'avaient soutenu fraternellement contre ses chefs.

En apprenant ces faits déplorables, l'Assemblée nationale comprend les conséquences terribles qu'ils peuvent entraîner. Sur la proposition d'Emmery, parlant au nom des comités de la guerre, des recherches et des rapports, elle décrète unanimement (16 août) : que la violation à main armée des décrets de l'Assemblée, sanctionnés par le roi, est un crime de lèse-nation au premier chef ; que ceux qui ont pris part à la révolte devront, dans les vingt-quatre heures, confesser, même par écrit si leurs chefs l'exigent,

---

[1]. « Le décret du 6 fut proclamé, dit M. Louis Blanc, mais la discipline était irrévocablement anéantie. »

leur erreur et leur repentir, sinon être punis avec toute la rigueur des lois militaires.

Au mépris de ce décret, la rébellion continue. On poursuit, on menace de mort le commandant Denoue et l'officier général de Malseigne, envoyés pour examiner les réclamations des soldats et rétablir l'ordre. Les scènes de violence se succèdent à Nancy et à Lunéville.

Cependant Bouillé avait été chargé d'exécuter le décret du 6 août, en sa qualité de commandant de toute la frontière de l'Est. Il prend avec lui des gardes nationaux de Metz et de Toul et plusieurs régiments sur lesquels il croit pouvoir compter. Il arrive aux portes de Nancy dans la matinée du 31 et reçoit une députation des révoltés qu'il renvoie aussitôt avec une sommation de reconnaître immédiatement et sans condition l'autorité légitime.

Les deux régiments français, celui du roi et mestre de camp, obéissent, quittent la ville et se retirent dans une plaine située près de Nancy, où ils se rangent, armes au repos. Les deux officiers généraux Denoue et Malseigne, retenus prisonniers depuis quelques jours et accablés de mauvais traitements, sont délivrés.

On pouvait espérer que la rébellion s'éteindrait sans effusion de sang. Mais les Suisses de Châteauvieux gardent encore la porte par laquelle doivent entrer les troupes de Bouillé, et braquent contre son avant-garde un canon chargé à mitraille. Un jeune officier du régiment du roi, Desilles, se précipite à la gueule de la pièce et crie aux Suisses : « Non, vous ne tirerez pas! » On se jette sur lui, on parvient à l'arracher de ce poste où il veut mourir. Mais bientôt il revient, se jette à genoux entre ceux qui vont combattre, supplie les soldats révoltés d'obéir à la loi ; tout à coup le canon tonne, la fusillade retentit, et l'héroïque officier tombe avec trente-cinq gardes nationaux de Metz et de Toul. Les troupes de Bouillé se précipitent sur les défenseurs de la porte, pénètrent dans la ville et sont accueillis par des coups de fusil qui partent des toits, des fenêtres et des caves ; car aux Suisses de Châteauvieux s'étaient joints un grand nombre d'émeutiers et quelques soldats des autres régiments.

Cependant, après une très-vive résistance, force reste à la loi ; mais, dans l'armée de Bouillé, quarante officiers et quatre cents soldats avaient été tués ou blessés. Les insurgés avaient fait des pertes encore plus considérables ; les rues de Nancy étaient inondées de sang.

Un conseil de guerre est immédiatement formé pour juger les rebelles : conformément aux capitulations suisses, il était composé entièrement d'officiers et de soldats de leur nation. Neuf soldats sont condamnés à mort, quarante à trente ans de galères. L'exécution des premiers eut lieu dans les vingt-quatre heures, les seconds furent dirigés sur le bagne de Brest. La punition fut sévère peut-être, mais ceux qui l'avaient attirée sur leurs têtes n'étaient certes pas des innocents, ils étaient encore moins des héros[1].

III.

Aussitôt après l'acceptation de la Constitution par le roi (14 septembre 1791), une amnistie générale avait été accordée pour tous les faits relatifs à la révolution. La question s'éleva de savoir si les Suisses de Châteauvieux étaient ou non compris dans cette amnistie. D'une part, on alléguait que ces soldats avaient été condamnés comme rebelles à la dis-

---

[1]. Le rapport fait par Mailhe, le 22 décembre 1791, à l'Assemblée législative, dix-huit mois après les événements de Nancy, reconnaît que les Suisses de Châteauvieux étaient rebelles à la loi, qu'ils étaient coupables, mais qu'ils avaient été entraînés, et conclut à ce que l'Assemblée sollicite leur grâce auprès des officiers des régiments de Castella et de Vigier qui les avaient condamnés (*Moniteur* de 1791, p. 1505). Mailhe ne peut être suspect en cette occasion, puisqu'il était membre de la société des Jacobins, siégeait à l'extrême gauche de l'Assemblée législative et fut plus tard conventionnel et régicide.

En quelques mois le langage des démagogues changea complétement. Au mois de décembre 1791, les Suisses de Châteauvieux étaient des coupables égarés; au mois de mars 1792, ils étaient des héros et des martyrs. Mais, le lendemain de leur triomphe, on ne s'occupa plus d'eux. La comédie était jouée!

cipline française et qu'ils subissaient leur peine sur le territoire français. D'autre part, on répondait qu'ils avaient été condamnés en vertu d'une capitulation étrangère par des juges étrangers, et que les cantons suisses pouvaient seuls prononcer sur leur sort. Or, les cantons, par l'organe du grand conseil, demandaient formellement que l'on maintînt aux galères les Suisses de Châteauvieux [1]. Cette discussion pour ou contre leur mise en liberté dura avec des phases diverses pendant la plus grande partie de l'hiver de 1791 à 1792. Le parti jacobin employa, pour intéresser les Parisiens en faveur de ses protégés, une tactique que nous avons vue plus d'une fois réussir entre les mains d'habiles chercheurs d'une popularité factice : des écrivains affidés firent représenter sur les théâtres populaires plusieurs pièces dont ces soldats, encore aux galères, étaient les héros et dans lesquelles on les offrait à l'admiration des spectateurs comme les victimes de la tyrannie et les martyrs de la liberté [2].

Dans les bas-fonds de la société des jacobins s'agitait un homme qui, à tout prix, voulait jouer un rôle, et qui bientôt après devait s'acquérir une éclatante et effroyable renommée. Collot-d'Herbois, histrion sifflé, écrivain médiocre, déclamateur furibond, se

1. *Moniteur* de 1791, p. 1504.
2. *Le Suisse de Châteauvieux*, pièce en deux actes, par Dorvigny, représentée sur le théâtre Molière; *le Mariage de Rosette ou la Suite du Suisse de Châteauvieux*, etc.

déclara le défenseur officieux des Suisses de Châteauvieux ; il fut appuyé par d'autres démagogues de son espèce qui trouvaient ainsi le moyen de raviver la haine que Bouillé et La Fayette leur inspiraient, l'un depuis la fuite de Varennes, l'autre depuis l'affaire du Champ de Mars. A force d'écrits, de discours, de pétitions, Collot-d'Herbois finit par obtenir de l'Assemblée législative un décret en vertu duquel, malgré l'opposition des cantons suisses, le bénéfice de l'amnistie était étendu aux soldats de Châteauvieux.

« Avant-hier soir, dit-il, annonçant lui-même la grande nouvelle aux Jacobins, le pouvoir exécutif a sanctionné le décret qui rend la liberté aux malheureuses victimes de Nancy ; il ne manque à mon bonheur que de vous les présenter, et ce bonheur n'est pas éloigné. » On applaudit beaucoup et on décida qu'une réception brillante serait faite aux clients de l'orateur ; mais on se garda bien d'annoncer quels en seraient le caractère et le but. Tout d'abord une souscription fut ouverte, afin de subvenir aux premiers besoins des Suisses qui allaient quitter Brest sans ressources. Cette œuvre de bienfaisance devait recevoir un bon accueil ; parmi ceux qui y prirent part on remarqua la famille royale elle-même, dont le bataillon des Feuillants (section des Tuileries) transmit l'offrande aux Jacobins le 4 mars. Danton eût voulu que l'argent du *tyran* fût refusé, mais Robespierre s'écria : « *Ce que la famille royale fait comme individu ne nous regarde pas,* » et les fonds royaux furent acceptés.

Si la souscription en faveur des malheureux prisonniers put réunir un moment les esprits les plus opposés, une véritable tempête éclata dans la presse, dès que fut publié le programme de la fête préparée par les Jacobins. Ce programme était intitulé : « Ordre et marche de l'entrée triomphale des martyrs de la liberté du régiment de Châteauvieux dans la ville de Paris ; » il était signé par Tallien, président de la commission. Ce n'était, à première vue, que l'ordre et la marche d'une burlesque mascarade ; mais, en réfléchissant un instant sur la signification des symboles et des emblèmes qui allaient être promenés à travers les rues de la capitale, on s'apercevait bien vite de toute la portée politique que les organisateurs de cette fête prétendaient lui donner.

Ce programme contenait la pensée mère de toutes les fêtes soi-disant patriotiques, qui, pendant plusieurs années, allaient être étalées successivement aux yeux des Parisiens, par ordre de la Commune ou du Comité de salut public, de ces fêtes où de misérables prostituées, offertes aux hommages et au respect de la foule, jouaient le rôle de la Renommée, de la Raison ou de la Liberté. Cette fois, c'était la ville de Paris qui devait recevoir la ville de Brest ; elles étaient personnifiées par deux femmes revêtues de costumes antiques. La première, montée sur un char, irait à la barrière du Trône, à la rencontre de sa sœur. Le char de triomphe de cette déité serait suivi par les officiers municipaux, dont on disposait sans leur assentiment, et qui devaient donner ainsi un caractère officiel à cette singulière exhibition. Dans le cortége figureraient, pour qu'il n'y eût aucune équivoque sur le sens de la manifestation jacobine, « des bas-reliefs analogues à l'affaire de Nancy et aux crimes de Bouillé, des inscriptions où seraient rappelés les événements où le sang des patriotes avait coulé, Nancy, Vincennes, La Chapelle et le Champ de Mars[1]. »

Le cortége de la ville de Brest se composerait de Collot-d'Herbois et des quarante soldats de Châteauvieux, « revêtus de l'uniforme de leur régiment; quarante hommes les accompagneraient portant les chaînes et la dépouille de galérien de chacun de ces martyrs de la liberté. »

Les deux femmes s'étant embrassées et félicitées, Paris inviterait Brest à monter sur le char, ainsi que les quarante soldats et leur inévitable défenseur. Le cortége se remettrait en marche, les municipaux toujours suivant à pied, Collot et ses clients se pavanant sur le char. On visiterait ainsi les ruines de la Bastille, on parcourrait les boulevards, et l'on se rendrait à l'Assemblée nationale. Là, Collot, les délégués

---

[1]. Par exactitude d'historien nous sommes obligé d'emprunter les expressions mêmes de Tallien, quoiqu'elles soient d'un français plus qu'équivoque.

de Brest et les quarante soldats descendraient du char et iraient présenter leurs hommages aux législateurs de la France. Le programme épargnait du moins à l'Assemblée la vue des deux déités et leur apparition scandaleuse dans le sanctuaire des lois.

Après cette visite, que les organisateurs de la fête imposaient, de leur pleine autorité et sans les avoir consultés, aux représentants du peuple français, le cortége devait se diriger, par les places Vendôme et Louis XV, « où l'effigie des despotes serait voilée[1], » vers le Champ de Mars, où des cantates en l'honneur des Suisses monteraient au ciel parmi des flots d'encens.

Cette cérémonie, destinée, disait le programme, à purifier le champ de la Fédération, étant terminée, on déchirerait le crêpe qui jusqu'alors aurait couvert le drapeau national, et on se livrerait à des festins civiques et à des danses qui devaient durer, suivant l'expression du poétique programme, « autant que le jour, trop prompt à fuir, le permettrait. »

Toutes les sections de Paris avaient été invitées à nommer des commissaires pour assister à la fête. La section Sainte-Geneviève élut Roucher, le poëte des *Mois*, qui soutenait avec courage, dans le *Journal de Paris*, les principes constitutionnels. « J'accepte,

---

[1]. La statue de Louis XIV existait sur la place Vendôme, et celle de Louis XV sur la place de ce nom, aujourd'hui place de la Concorde.

écrivit Roucher (31 mars), mais à la condition que le buste du généreux Desilles sera sur le char de triomphe, afin que le peuple contemple l'assassiné au milieu des assassins ! » Cette lettre souleva des transports de colère parmi les Jacobins. Un certain Mehée de La Touche, lui-même commissaire de la fête, y répondit, dans les *Annales patriotiques*, en insultant grossièrement Roucher et en lui jetant à la face, dans un post-scriptum, une accusation de vol formulée en ces termes : « Nous savons qu'il y a de par le monde une certaine caisse financière qui de pleine se trouva vide. » Roucher, montrant dans cette circonstance une énergie et une résolution qui doivent être données comme exemple, annonça qu'il allait porter plainte contre l'auteur de cette ignoble calomnie.

« Il est temps, s'écriait-il à la fin de sa vive réplique, qu'un homme probe obtienne une réparation qui, par un juste effroi, purge enfin la société de ce qu'elle a de plus impur, des libellistes, de leurs fauteurs, complices et adhérents. »

Sur la menace d'un procès en diffamation, les *Annales patriotiques* reculèrent lâchement. Elles s'y reprirent à deux fois pour déclarer que l'insertion de la note dont Roucher se plaignait avait été faite par suite d'une faute d'impression ; elles ajoutèrent même à cette excuse, aussi plate que mensongère, cette rétractation formelle : « Nous ne nous consolerions pas d'avoir pu fournir une occasion à la moindre interprétation qui fût injurieuse à M. Roucher, si nous n'étions bien sûrs que son excellente réputation éloignera toujours de lui, aux yeux de tous les gens de bien, l'ombre même du soupçon. » On ne pouvait s'humilier davantage. Roucher se hâta de faire réimprimer les deux rétractations des *Annales* dans le *Journal de Paris* en les accompagnant de ces réflexions, qui sont de tous les temps : « Je demande aux bons citoyens d'avoir le courage de leur vertu ; ces factieux, ces calomniateurs, ces brigands qui nous agitent, nous diffament et nous égorgent, ne sont forts que de notre faiblesse. Essayons de leur faire tête, et l'audace à l'instant ne sera plus que de la lâcheté. »

Les démagogues tentèrent de prendre leur revanche de cette déconvenue, et Collot-d'Herbois vint lire aux Jacobins un écrit intitulé : *La vérité sur les soldats de Châteauvieux.* Ce dithyrambe en faveur de l'insubordination fut imprimé, distribué aux sociétés affiliées, et placardé sur les murs de la capitale par ordre du club. Le *Journal de Paris* (4 avril) y répondit par une réfutation pleine de force, de verve et d'ironie. Cette réfutation est signée d'un nom glorieux entre tous, celui d'André Chénier.

Les poëtes anciens avaient, dit-on, le don de la divination ; André Chénier, qui savait si bien les imiter, semble avoir eu le même privilége. Sous l'air paterne que prenait l'auteur de l'*Almanach du père Gérard*, il pressentit le proconsul qui devait épouvanter Lyon de ses fureurs[1]. Mais l'admirable philippique n'était pas seulement dirigée contre l'indigne Collot ; le poëte-journaliste y dénonçait à l'indignation de tous les gens de bien la scandaleuse bacchanale qui se préparait, les invitant à la laisser passer dans les rues désertes et devant les fenêtres fermées. A cette vive attaque, Collot-d'Herbois répliqua par des injures et des banalités, accusant les constitutionnels d'avoir « organisé l'horrible affaire de Nancy » et d'en vouloir une seconde. Après avoir essayé de laver ses clients de toute espèce de crime, même du meurtre de Desilles, il terminait sa nouvelle harangue en s'écriant : « Dites-moi si ces soldats ne sont pas au contraire les plus sûrs vengeurs de la liberté ! »

Roucher lui rappela que naguère il s'était « prosterné en esclave aux pieds de Monsieur, frère du roi. » Collot-d'Herbois, un moment déconcerté par cette indiscrète révélation, n'en continua pas moins d'exhaler son sentimentalisme prétendu patriotique. Mais un autre histrion, plus vil et plus misérable, Marat, s'irrita de ce qu'un nouveau-venu lui déro-

---

[1]. Les niais se laissaient au contraire prendre aux tendresses bucoliques que débitait le sentimental comédien ; c'est ainsi que Lecointe-Puyraveau s'écriait, le 10 juillet, à la tribune de l'Assemblée nationale :

« Quel est le département, la ville, le canton où le nom de M. Collot-d'Herbois ne soit connu et chéri ? »

Les Brotteaux surent bientôt qui avait deviné juste d'André Chénier ou de Lecointe-Puyraveau.

bât le titre et le rôle de seul et unique *ami du peuple*. Marat fit semblant d'être indigné de cette sensiblerie de commande, de cette plaidoirie sur circonstances atténuantes, et accusa Collot d'avoir voulu déguiser les titres que les soldats de Châteauvieux avaient à la faveur de ce qu'il appelait les patriotes. L'écrit de son rival en popularité n'était, selon lui, que le « verbiage d'un rhéteur pusillanime, » et, se hâtant d'y substituer « les aveux ingénus d'un citoyen éclairé et les vérités lumineuses d'un politique hardi et profond » (c'est ainsi que ce misérable parlait de lui-même), il dévoilait aux yeux des moins clairvoyants toute la portée de la fête qui se préparait.

« Oui, s'écriait-il avec son impudence ordinaire, oui, les soldats de Châteauvieux étaient insubordonnés à des officiers fripons qui les opprimaient... Oui, les soldats de Châteauvieux ont résisté à un décret barbare qui allait les livrer au fer d'une armée d'assassins... Oui, les soldats de Châteauvieux se sont mis en défense contre les aveugles satellites qui s'avançaient sous les ordres d'un conspirateur sanguinaire, pour les asservir ou les massacrer... Oui, les soldats de Châteauvieux ont fait mordre la poussière à quinze cents féroces satellites soudoyés et volontaires nationaux qui accouraient pour les égorger! Que leur reproche-t-on? D'avoir violé quelques décrets iniques d'un législateur corrompu? Mais c'était pour obéir aux plus saintes lois de la nature et de la société, devant lesquelles toute autorité doit fléchir. Loin de leur faire un crime de leur courageuse résistance à leurs oppresseurs, à leurs assassins, on doit leur en faire un mérite... La saine doctrine de la résistance aux mauvais décrets peut seule sauver l'État: *l'Ami du peuple* la prêchera-t-il à des sourds[1]? »

IV.

La question étant ainsi posée, quiconque respectait la loi et aimait l'ordre ne pouvait voir de sang-froid les préparatifs de l'ignoble parade. La polémique des journaux s'envenima de plus en plus; les murailles se couvrirent de placards de toutes couleurs, où la fête projetée était attaquée et défendue sur tous les tons et sous toutes les formes.

La municipalité envoya aux quarante-huit sections et aux soixante bataillons, avec prière de l'afficher, une lettre dans laquelle Pétion expliquait ce que devait être cette fête qui excitait tant de rumeurs. « De quoi s'agit-il? disait le maire avec sa bonhomie de convention. Des soldats, qui, les premiers avec les gardes-françaises, ont brisé nos fers[2], qui ensuite en

1. L'*Ami du peuple,* n° 637.
2. Les partisans de la fête prétendaient que les Suisses de Châteauvieux avaient refusé, en juillet 1789, de tirer sur le

ont été surchargés, arrivent dans nos murs. Des citoyens projettent d'aller à leur rencontre, de les recevoir avec fraternité. Ces citoyens suivent un mouvement naturel, ils usent d'un droit qui appartient à tous. Ils invitent leurs concitoyens, ils invitent leurs magistrats à s'y trouver. Les magistrats ne voient rien là que de simple, que d'innocent. Ils voient des citoyens qui s'abandonnent à la joie, à l'allégresse; chacun est libre de participer ou de ne pas participer à cette fête; ce n'est pas l'autorité qui la provoque, c'est le vœu des citoyens qui la donne. Si personne n'eût vu que ce qui est, tout se serait passé sans bruit, tout se serait fait à Paris comme dans les villes que les soldats de Châteauvieux ont traversées et où ils ont été bien accueillis. »

Cela dit sur le ton le plus naïf, le maire regrettait le bruit inutile et dangereux fait par les malintentionnés :

« C'est mensongèrement, affirmait-il, que l'on a insinué que des inscriptions injurieuses pour la garde nationale seraient portées dans le cortége, que le drapeau tricolore serait couvert d'un voile funèbre et que l'on procéderait à la purification solennelle du

peuple. Ce régiment, ainsi que plusieurs autres, était campé au Champ de Mars et n'avait pas eu occasion d'opposer un refus à des ordres qu'on ne lui avait pas donnés. Mais peu importait, en 1792, aux Jacobins; les besoins de la circonstance exigeaient que les Suisses de Châteauvieux fussent représentés comme des victimes de leur dévouement à la cause du peuple.

Champ de Mars. Dans le plan communiqué à la municipalité, rien de tout cela n'existe! »

Cette affirmation roulait sur une misérable équivoque. Toutes ces énormités se trouvaient, comme nous l'avons vu, dans le plan primitif. Mais quinze jours s'étaient écoulés; les ordonnateurs de la fête, qui tenaient beaucoup à traîner la municipalité parisienne, ou au moins une grande partie de ses membres, à la suite du cortége, avaient eux-mêmes compris qu'ils devaient modifier leur programme. C'est ce qu'ils avaient fait, et c'est ce qui permettait au maire de Paris d'opposer un démenti aux réclamations qu'Acloque, commandant général de la garde nationale pour le mois d'avril, avait adressées au procureur général syndic Rœderer, au nom de tous ses camarades.

Quelques jours après, le maire écrivit une nouvelle lettre, cette fois adressée au directoire du département, et dans laquelle il cherchait à excuser la municipalité de la part qu'elle avait cru devoir prendre indirectement à la fête projetée.

« Lorsque des pétitionnaires se sont présentés au conseil général pour le prier d'assister à cette cérémonie, lorsque les sections ont fait le même vœu, on ne pouvait pas s'attendre qu'un esprit de vertige s'emparerait d'un grand nombre de têtes, que des intrigants travailleraient les esprits et que cette fête deviendrait une affaire de parti et un sujet de réclamations...

« Le conseil général ne vit rien que de très-simple et de très-licite dans une semblable fête. Il promit de s'y trouver, et il crut même que sa présence était un acte de prudence et de sagesse, qu'elle serait propre à contenir les citoyens dans les justes bornes des convenances et à maintenir entre eux la paix et la fraternité.

« Bien plus, ajoutait le maire, afin d'enlever tout prétexte aux intrigants, il avait été décidé depuis que la municipalité n'assisterait pas à la cérémonie en corps, et que même ses membres y paraîtraient sans écharpe et comme de simples citoyens. A cette résolution le département n'avait trouvé aucun inconvénient; une seule chose l'offusquait encore : le dessein annoncé de voiler les statues qui ornaient les places Vendôme et Louis XV; mais les ordonnateurs de la fête avaient renoncé à cette partie du programme. »

Ici, Pétion, plus véridique que dans sa lettre aux sections, avouait que l'on avait imprimé et placardé un projet de fête qui avait froissé beaucoup de citoyens, et qui contenait en effet des choses propres à les irriter; mais ce projet ne devait pas être suivi et il fallait revenir à la question, qui se posait ainsi :

« Des citoyens peuvent-ils aller au-devant des soldats de Châteauvieux, les accueillir, leur donner des repas, se livrer à toutes sortes d'amusements, de témoignages de joie et d'allégresse? Je pense que oui, à moins qu'un décret n'ordonne qu'aucun citoyen ne puisse, le jour de leur arrivée et pendant le temps de leur séjour, sortir de chez lui. Je ne vois pas comment il serait possible d'empêcher cent, deux cent mille citoyens de se porter au-devant d'eux, et de leur faire toute sorte d'accueil. La fête en question n'est point une fête publique ; le nombre des citoyens n'y fait rien. Il n'y a de fêtes publiques que celles qui sont données par les autorités constituées, et, ici, aucune autorité ne s'en mêle. »

Ainsi, ce n'étaient plus de simples particuliers qui préconisaient cette fête ; le premier magistrat de la première ville de France se mettait de la partie ; dans des lettres explicatives qui n'expliquaient rien, il développait la singulière théorie, si souvent mise en pratique, de régulariser et d'autoriser ce que l'on ne peut empêcher. Ces lettres méritaient de vigoureuses réponses ; elles ne leur manquèrent pas. André Chénier releva dans le *Journal de Paris* l'épithète d'*intrigants* que, dans sa lettre au directoire du département de Paris, Pétion avait appliquée aux contempteurs des Suisses de Châteauvieux et de leurs amis. « Monsieur Pétion, dit-il, les intrigants sont ceux qui se dévouent aux intérêts d'un parti pour obtenir des applaudissements ou des dignités. Les intrigants sont ceux qui font plier ou qui laissent plier les lois sous la volonté des gens à qui ils se croient redevables. Les intrigants sont ceux qui, étant magistrats publics, flattent lâchement les passions de la multitude qui règne et les fait régner, etc. ; voilà quels sont les intrigants. »

Pendant ce temps, des pétitions se couvraient de signatures dans tous les quartiers de la capitale contre la fête *particulière* donnée *publiquement* aux Suisses de Châteauvieux.

En présence de pareilles démonstrations, en présence des hésitations de la municipalité et de l'opposition presque formelle du directoire du département, les meneurs virent qu'il fallait modifier leur projet.

Tallien et Collot-d'Herbois se crurent obligés de déclarer au club des Jacobins que la fête annoncée serait dédiée à la Liberté. C'était le seul moyen de faire taire les scrupules des gens timorés.

V.

Pendant que l'on discutait ainsi à Paris sur le programme, les triomphateurs futurs quittaient le bagne de Brest, et s'avançaient à petites journées, fêtés par les sociétés jacobines, couronnés de fleurs, proclamés « victimes de la liberté [1]. » Arrivés à Versailles, ils furent entourés par les jacobins de cette ville et conduits le soir même au théâtre, où l'on représen-

---

[1]. Pétion, lettre à Dupont de Nemours.

tait la tragédie de *Brutus*. Le lendemain on les mena dans la salle du Jeu de Paume, ce berceau de la liberté française; comme si ces quarante soldats avaient pu avoir quelque chose de commun avec les hommes qui, le 20 juin 1789, rendirent ce lieu à jamais célèbre !

Un banquet avait été préparé dans un bâtiment voisin de la salle; Gonchon, l'orateur ordinaire du faubourg Saint-Antoine, était accouru de Paris avec une bande de sans-culottes, pour féliciter de leur délivrance les héros de la fête, et leur libérateur, Collot-d'Herbois, de son patriotisme.

Après le banquet, les Suisses prennent la route de la capitale, où ils arrivent suivis d'une foule nombreuse, qui force les particuliers qu'elle rencontre à descendre de voiture et à se découvrir pour honorer les ennemis du despotisme. Les Suisses sont conduits immédiatement à l'Assemblée nationale, et leur défenseur demande au président l'autorisation de paraître avec eux à la barre.

Cette demande soulève, comme on devait s'y attendre, l'opposition de la droite. « Si les Suisses de Châteauvieux ne se présentent que pour témoigner à l'Assemblée leur reconnaissance, qu'ils soient reçus à la barre et entendus, s'écrie Jaucourt; mais qu'ils ne soient pas admis à la séance! ils doivent être exclus de cet honneur. »

Les tribunes avaient été soigneusement remplies d'amis de Collot et des Jacobins : à cette proposition elles répondent par des cris redoublés : « A bas ! à bas ! » Jaucourt, sans s'effrayer des interruptions, pose très-nettement la question : « Une amnistie n'est ni un triomphe ni une couronne civique; je veux croire que les soldats de Châteauvieux ont été égarés; mais la garde nationale, mais les soldats de la troupe de ligne, qu'ils ont combattus aux portes de Nancy, se sont dévoués à la défense de la loi, et eux seulement sont morts pour la patrie; lorsqu'on a honoré leur mort d'un deuil public, lorsque ce deuil a été porté par toutes les gardes nationales de France, était-ce pour qu'on décernât, un an après, les mêmes honneurs à ceux sous les coups desquels sont tombées tant d'infortunées victimes de la loi? »

Ces paroles soulèvent des applaudissements à droite, mais les murmures redoublent à gauche et dans les tribunes.

« Qu'il soit permis, reprend Jaucourt, qu'il soit permis à un militaire qui fut, avec son régiment, commandé pour cette expédition, de vous représenter que votre décision peut faire une grande impression sur l'armée; les honneurs que vous rendez aux soldats de Châteauvieux les feront considérer, non pas comme des hommes qui ont été trop punis, mais comme des victimes innocentes... »

« Oui, oui, » crient la gauche et les tribunes. Pendant que Jaucourt retourne à son banc, son collègue et son ami, Gouvion, monte à la tribune, et dit d'une voix émue :

« J'avais un frère, bon patriote... toujours prêt à se sacrifier pour la loi; c'est au nom de la loi qu'il a été requis de marcher sur Nancy avec les braves gardes nationales. Là il est tombé percé de cinq coups de fusil. Je demande si je puis voir tranquillement les assassins de mon frère... »

« *Eh bien! monsieur, sortez!* » lui crie-t-on insolemment des bancs de la gauche. A ces mots, quelques spectateurs applaudissent; mais l'Assemblée, presque tout entière, manifeste la plus vive indignation. Un grand nombre de députés réclament la censure contre l'interrupteur, quelques-uns même demandent qu'il soit envoyé à l'Abbaye.

« Je traite, s'écrie Gouvion, je traite avec tout le mépris qu'il mérite le lâche qui a été assez bas... »

« A la question ! » hurlent les amis des Jacobins.

Choudieu a l'impudence de se lever et de déclarer que c'est lui qui a interrompu Gouvion.

Cette brutalité lui mérite naturellement les applaudissements des tribunes.

« Le malheureux ! reprend froidement Gouvion, il n'a donc jamais eu de frère ! » Et il quitte l'Assemblée pour n'y plus reparaître [1].

---

1. « En quittant la tribune, le général Gouvion sortit de la salle par le côté d'où le mot injurieux était parti; je me hâtai de l'accompagner. Dans le peu d'instants que nous restâmes ensemble sur la terrasse des Feuillants, Gouvion me dit : « Je « ne remettrai jamais les pieds dans cette salle. » Il rentra chez lui, et, lorsque j'allai le retrouver après la séance, il avait déjà

Le paralytique Couthon lui succède à la tribune et prend la défense des Suisses de Châteauvieux. Il demande que l'Assemblée « leur fasse oublier les maux qu'ils ont soufferts, et honore en eux le triomphe de la liberté; » il appuie son raisonnement d'un aveu précieux à recueillir, car il montre bien que les Jacobins eux-mêmes étaient loin de voir des héros dans les révoltés de Nancy, et qu'ils ne les exaltaient que pour les besoins de leur politique.

« *Quand même on aurait quelques reproches à leur faire, quand même ils auraient été égarés*, il faudrait être bien esclave des vieux préjugés, pour vouloir déshonorer des hommes que la loi a innocentés. Les soldats amnistiés sont rentrés dans le droit commun; par conséquent l'Assemblée doit leur accorder, comme à tous, les honneurs de la séance. »

« Eh bien! alors, s'écrie un membre de la droite (de Haussy), je demande que le buste de Desilles soit placé sur le bureau. »

Après un violent tumulte, excité par ces paroles, on passe au vote sur ces deux questions : Faut-il admettre les Suisses à la barre? Faut-il leur accorder

adressé sa démission au président. « J'attendrai pendant vingt-« quatre heures, me dit-il, celui que j'ai traité de lâche, et « demain au soir je partirai pour l'armée. Là sans doute je « trouverai une glorieuse fin à tout ceci. » Je ne pus le persuader de renoncer à son dessein; et peu de jours après, aux avant-postes de l'avant-garde du général La Fayette, le brave Gouvion était tombé, frappé du premier boulet ennemi. » (*Souvenirs de Matthieu Dumas*, t. II, p. 130.)

les honneurs de la séance? La première est adoptée à l'unanimité. Quant à la seconde, le président, sur l'avis des secrétaires, la déclare résolue affirmativement par la majorité. Mais, pendant que les tribunes applaudissent, un grand nombre de membres de la droite descendent de leurs bancs et réclament l'appel nominal. Le plus grand désordre règne dans l'Assemblée : les députés échangent, d'un bout à l'autre de la salle, des paroles insultantes et des menaces. Enfin le président, sommé par Lacombe de faire immédiatement procéder à l'appel nominal, s'y décide. La plupart des députés répondent de leur banc par un oui ou par un non. Gouvion appelé ne répond pas. « Il pleure son frère, » s'écrie Chéron. — « A l'ordre! à l'ordre! » répond la gauche[1].

L'appel nominal donne le résultat suivant :
Votants : 546; oui, 281; non, 265 voix.

A une majorité de 8 voix, les amis de Collot-d'Herbois l'avaient emporté. En conséquence, le président déclare que les soldats de Châteauvieux, qui ont été autorisés à se présenter à l'Assemblée, seront admis aux honneurs de la séance.

Les tribunes saluent leur victoire par de triples acclamations.

Aussitôt les quarante Suisses paraissent à la barre, sous la conduite de leur défenseur officieux, Collot-d'Herbois. Celui-ci remercie l'Assemblée de les avoir

1. *Journal des Débats et Décrets,* p. 102.

amnistiés et rend compte du vif intérêt qu'ils ont rencontré. « Intérêt accordé pour leur patriotisme, s'écrie-t-il, et, si j'ose dire, pour leur innocence... Puissent leurs fers que vous avez brisés, législateurs, être les derniers dont le despotisme enchaîne jamais les ardents amis, les défenseurs déterminés de la liberté! »

La gauche et les spectateurs applaudissent, le président Dorizy répond sèchement :

« L'Assemblée a prononcé en votre faveur une amnistie; elle a ajouté à ce premier bienfait la permission de vous présenter à la barre, pour recevoir les témoignages de votre reconnaissance. Elle s'est empressée de briser vos fers, jouissez de sa bienfaisance, et qu'elle soit pour vous un motif puissant d'amour pour vos devoirs et d'obéissance aux lois. L'Assemblée nationale vous accorde les honneurs de la séance. »

Les amis des Jacobins, contents de leur triomphe, ne relèvent pas ce que contient d'amère ironie cette dernière phrase, où le président parlait de devoir et de respect des lois à des individus qui les avaient si ouvertement méconnus; on se contente d'applaudir avec frénésie les quarante Suisses, au moment où, avec leur défenseur, ils prennent place dans l'intérieur de la salle. Aussitôt commence le défilé de l'escorte qui les accompagnait depuis Versailles; car, par une suite de concessions arrachées à sa faiblesse, l'Assemblée admettait à défiler devant elle des gardes nationaux, des bataillons de volontaires, et jusqu'à des députations de sociétés populaires. Elle perdait ainsi une partie de ses séances à entendre des harangues où la raison, le bon sens et la langue française étaient violemment outragés, où des menaces et des insultes lui étaient souvent prodiguées; elle n'avait pas même le courage de faire respecter sa propre dignité, en imposant silence aux manifestations intempestives et aux vociférations tumultueuses de ces singuliers visiteurs.

Des détachements de la garde nationale de Versailles ouvrent la marche avec leurs tambours battant aux champs; puis viennent des gardes nationaux et d'anciens gardes-françaises sans armes, criant à tue-tête : « Vive la nation! » Ils sont suivis d'un nombreux cortège de citoyens et de citoyennes, armés de piques, coiffés du bonnet rouge, et de représentants des diverses sociétés populaires de Paris et de Versailles.

Gonchon paraît à la barre, tenant à la main une pique surmontée d'un bonnet phrygien. Après avoir juré de défendre l'Assemblée, la liberté et la Constitution, il termine sa harangue en s'écriant : « Nous vous en dirions bien davantage, mais nous avons déjà tant crié : vive la liberté, vive la Constitution, vive l'Assemblée nationale, que nous en sommes enroués[1]. »

---

1. Gonchon est un de ces types qui méritent de nous arrêter

Ainsi se termina le premier acte de la comédie préparée par les Jacobins. La séance de l'Assemblée fut levée aussitôt après le défilé. Dans la soirée, les Suisses furent promenés dans tout Paris par Collot-

quelques instants. C'était un très-habile ouvrier dessinateur pour les articles de soieries, qui, gagnant largement sa vie, consacrait par semaine deux journées à l'entretien de sa famille, et les autres au service de la Révolution, comme il le disait lui-même, plus tard, dans une de ses lettres au Comité de sûreté générale. Il fut un instant caressé, adulé par les plus hauts personnages du parti girondin. Condorcet lui dédiait un mémoire philosophique sur l'art de rendre les peuples heureux (*Moniteur* du 24 décembre 1792); Roland lui confiait des missions payées sur les fonds secrets mis à sa disposition : ce fut ainsi que Gonchon parcourut, sous l'habit d'un colporteur, toute la province de Liége, au moment de son annexion éphémère (à la fin de 1792), et qu'il fit plusieurs voyages à Lyon et en Savoie (*Histoire secrète de la Révolution,* par Camille Desmoulins, p. 55).

Après le 31 mai, Gonchon devint suspect aux Jacobins, mais on n'osa pas d'abord l'arrêter, à raison de la popularité dont il jouissait dans le faubourg Saint-Antoine. Pendant quelque temps il fut à moitié libre sous la garde d'un gendarme qui le suivait comme son ombre à travers Paris; mais, dénoncé nominativement au club des Jacobins, le 24 septembre 1793, il fut arrêté par ordre de Robespierre; relâché un instant après le 9 thermidor, repris de nouveau sur la dénonciation de Dubois-Crancé, il ne sortit définitivement de prison qu'en vendémiaire an III, après une captivité de onze mois. Gonchon rentra dès lors pour toujours dans l'obscurité, d'où son désir de se poser en public comme le modèle des sans-culottes, l'orateur du faubourg Saint-Antoine, le délégué perpétuel des ouvriers parisiens, l'avait fait sortir un instant. Pendant sa captivité, sa femme et ses enfants étaient sans pain, sans ressource, et passaient les nuits à la porte du Comité de sûreté générale à solliciter la mise en liberté de leur unique soutien.

d'Herbois, leur inséparable patron, et présentés particulièrement aux citoyens du faubourg Saint-Antoine. Une centaine d'hommes les suivaient, dont une partie vêtus en gardes nationaux, criant sans cesse : « Vive Châteauvieux! Pendez La Fayette et Bailly![1] »

1. Lettre de Dupont de Nemours à Pétion. — Il faut lire dans l'*Histoire parlementaire* de Buchez et Roux cette lettre si remarquable où l'on trouve cette belle définition du peuple :

« Vous dites, monsieur, que cette fête est donnée par le peuple. Qu'appelez-vous le peuple? Avez-vous recréé par votre autorité les ordres que la Constitution a détruits pour jamais? Y a-t-il en France un autre peuple que la collection des bons citoyens? A-t-il une autre manière d'exprimer sa volonté que par l'organe de ses représentants? Peut-il, dans un gouvernement représentatif, retenir l'autorité qu'il leur a confiée? Hors de l'Assemblée nationale, il n'y a que des individus qui n'ont le droit de s'exprimer que par des pétitions. Le peuple est souverain quand il élit ; il jouit de sa souveraineté quand ses représentants décrètent. »

Il faut aussi lire à la suite de cette lettre de Dupont de Nemours la réponse que Pétion publia après l'événement (*Histoire parlementaire*, t. XIV, p. 90 à 102). Ce morceau donne une idée parfaite de ce personnage, qui s'encensait lui-même avec une fatuité ingénue, qui se déclarait à chacune de ses phrases un magistrat modèle, un administrateur habile, prévoyant et disert. On ne saurait trop étudier ce type de l'avocat de province, enivré de ses succès au présidial de Chartres, de ses triomphes dans les salons et dans les boudoirs de sa petite ville, et qui, transplanté tout d'un coup sur un plus grand théâtre, se croit destiné à jouer tout à la fois le rôle de Lauzun, de Sully et de Guise. Mais, ce qui peut le mieux donner une idée exacte de son incroyable outrecuidance, c'est le récit qu'il a laissé du retour de Varennes, l'une des pièces les plus cu-

VI.

L'arrivée des Suisses à Paris détermina la municipalité à faire de nouvelles démarches auprès du département, qui ne lui avait point encore permis de publier son arrêté relatif à la fête. Pour vaincre les dernières résistances de l'autorité départementale, les meneurs adoptèrent la motion incidemment faite au club des Jacobins par Tallien, et reprise par Collot-d'Herbois. En fixant la date de la cérémonie au dimanche 15 avril, on déclara qu'elle aurait pour objet principal la liberté, et non plus les Suisses libérés des galères. D'autre part, afin de contrebalancer l'influence des protestations qui arrivaient de toutes parts, Pétion écrivit de nouveau au directoire « qu'il y aurait mille fois plus de danger à empêcher la fête qu'on préparait qu'à la laisser aller à son cours naturel et paisible. »

rieuses que nos recherches nous aient fait rencontrer; nous la donnons à la fin de ce volume. Le vaniteux et ridicule officier municipal insinue que cette sainte, que l'on appelait madame Élisabeth, a voulu le séduire et jouer avec lui le rôle de Circé; il parle de cette femme si pure et si chaste en des termes que l'on croirait empruntés aux passages les plus érotiques de *la Nouvelle Héloïse*.

Le département céda de guerre lasse. Par son arrêté du 12 avril, il chargea la municipalité de Paris de continuer de veiller avec la plus grande attention à ce que, à l'occasion du rassemblement projeté pour le 15 de ce mois, il ne se passât rien qui pût blesser le respect dû aux lois, aux autorités constituées, à la dignité et à la sûreté des citoyens[1].

Sans plus tarder, la municipalité envoya aux soixante bataillons et aux quarante-huit sections un arrêté signé *Pétion*, maire, et *Dejoly*, secrétaire-greffier, par lequel étaient réglées les mesures d'ordre nécessitées par la fête. Elle se contentait d'interdire toute exhibition d'armes dans « cette belle journée, » où le peuple, comme elle disait, ne devrait se réunir que pour « se livrer aux sentiments de la joie et de l'allégresse. »

Les journaux anarchistes en étaient donc arrivés à leurs fins; ils devaient naturellement célébrer leur victoire par un redoublement de violence. Il s'agissait pour eux de servir aux passions populaires, fortement excitées par l'ardente polémique des dernières semaines, un breuvage d'une plus âcre saveur que de coutume. Ils ne s'en firent faute. Voici quelques-unes des pages que l'auteur du *Père Duchesne* consacra à célébrer le triomphe des Suisses de Châteauvieux. Par cette seule citation, on pourra

---

1. Arrêté signé : La Rochefoucauld, président; Blondel, secrétaire. — Cité *in extenso* dans l'*Histoire parlementaire*, t. XIV, p. 108-110.

juger à quel paroxysme de fureur et de dévergondage en étaient déjà arrivés à cette époque les gazetiers ultra-révolutionnaires.

« Malgré Mme Veto, nous avons brisé leurs fers; à sa barbe et à son nez, les soldats de Châteauvieux vont être conduits en triomphe. Je crois l'apercevoir à travers sa jalousie comme le jour de la fête de Voltaire; c'est alors qu'elle rugira comme un tigre enchaîné, de ne pouvoir s'abreuver de notre sang.

« Les voilà, s'écriera-t-elle, ces victimes échappées à ma rage. En vain mon fidèle Blondinet[1], d'accord avec son cousin Bouillé, aura-t-il manigancé le massacre de Nancy, en vain m'aura-t-il promis de faire expirer sur la roue tous ces Suisses rebelles à mes volontés, et qui refusèrent de massacrer le peuple de Paris, ce peuple que j'abhorre et dont j'ai tant de fois juré inutilement la perte.

« Voilà, f..., n'en doutez pas, les gentillesses qui sortiront de la g..... de Mme Veto quand elle contemplera la fête que nous préparons aux Suisses de Châteauvieux; mais pour la faire crever de dépit, il faut nous surpasser dans cette journée, f...! Dans l'ancien régime, quand il naissait un petit louveteau, c'était un remue-ménage de b... dans Paris. Ce n'étaient que fontaines de vinaigre, que cervelas de cheval. La famille Veto, qui faisait alors son jouet du peuple, quoiqu'il fût son maître, son sou-

---

1. Blondinet veut dire La Fayette.

verain, l'humiliait tant qu'elle pouvait; mais, f..., le peuple a repris sa revanche, c'est à nous maintenant à faire danser les rois.

« Si ces braves soldats, ainsi que les gardes-françaises, n'avaient pas refusé de faire feu sur le peuple, c'était f... de nous; Paris aurait été saccagé et Mme Veto serait dans la jubilation; elle marcherait sur la cendre avec le héros de Bagatelle[1] et la... Polignac et se croirait au comble du bonheur en s'écriant : Ici fut Paris! là était le faubourg Saint-Antoine! Aux piques! f..., braves sans-culottes, aiguisez-les pour exterminer les aristocrates qui osent broncher; que ce beau jour soit le dernier de leur règne; nous n'aurons de repos que quand la dernière tête d'aristocrate sera tombée.

« Quant à ce Desilles, dont l'aristocratie a voulu faire un héros, il est faux, f..., que ce soient les Suisses de Châteauvieux qui l'aient envoyé voir Henri IV. Ce sont les soldats qu'il commandait; il n'y a pas gros f... à parier qu'il se serait mis à la gueule d'un canon, s'il avait prévu qu'on y f... la mèche; d'ailleurs, f..., en supposant que ce b...-là ait eu le courage de braver la mort, est-ce pour la cause du peuple? Non, f..., c'était au contraire pour le mannequin que les aristocrates appellent leur auguste maître[2]. »

1. Hébert se plaisait à donner ce sobriquet au comte d'Artois.
2. Voir les numéros 120 et 122 du *Père Duchesne*. M. Louis

VII.

A propos de cette fête on avait, depuis un mois, tant parlé dans les clubs et sur les places publiques, on avait couvert les murailles de tant de placards, on avait sur tous les tons, dans les vingt journaux jacobins qui se partageaient la faveur des ultra-révolutionnaires, si bien chanté les louanges des Suisses de Châteauvieux, que tout le monde voulait voir ce qui avait été l'objet d'un si formidable tapage.

Les ordonnateurs de la fête avaient naturellement choisi un dimanche; ce jour-là, et surtout dans les premiers beaux jours du printemps, les masses désœuvrées sont toujours très-avides d'un spectacle qui ne doit rien leur coûter, et dont le récit et les incidents feront le sujet de toutes les conversations pendant la semaine. Le programme, tel que nous l'avons donné plus haut, était complétement changé.

Blanc donne dans son *Histoire de la Révolution* (t. VI, p. 314) un extrait de ces mêmes articles, et flétrit à cette occasion « l'ignoble Hébert et son journal ordurier, qu'il faut bien citer quelquefois, dit-il, pour être juste et malgré le dégoût qu'on éprouve. »

Il n'y avait plus ces tableaux vivants qui d'avance avaient si fort scandalisé les amis de la décence publique; ils ne furent écartés cette fois que pour reparaître plus brillants et plus nombreux, lorsque le triomphe de l'anarchie fut complétement assuré. En revanche, et pour que le public n'y perdît rien, les quarante hommes qui devaient porter les chaînes des galériens étaient remplacés par « quarante vierges, » lisait-on dans le nouveau programme.

Au jour indiqué, amis et ennemis des Jacobins, oisifs et curieux, observateurs silencieux et désolés, démagogues avinés, braillards et turbulents de toute espèce, s'étaient donné rendez-vous dans les rues que devaient parcourir ces triomphateurs destinés à retomber le lendemain dans la plus complète obscurité.

Le cortége se trouva réuni vers midi à la Bastille. Ses stations principales furent : l'Hôtel de Ville, où il recueillit le maire et un grand nombre d'officiers municipaux; l'Opéra, qui occupait alors la salle de la Porte-Saint-Martin, et dont l'orchestre, placé sur une estrade, exécuta le chœur de la Liberté et la ronde nationale; la place Louis XV, où quelques députés se mirent dans les rangs, et enfin le Champ de Mars, terrain choisi pour la cérémonie principale et les réjouissances populaires.

La marche était ouverte par un groupe portant les bustes de Voltaire, de Rousseau, de Franklin et de Sidney. Il était formé, prétendait-on, d'Américains et d'Anglais, sans doute les mêmes qui avaient servi de comparses à Anacharsis Clootz dans la ridicule exhibition qu'il avait faite à la barre de l'Assemblée constituante [1].

Ensuite paraissaient deux sarcophages réunis l'un à l'autre au moyen d'une banderole sur laquelle étaient inscrits ces mots : « *Bouillé et ses complices sont seuls coupables!* » Sur ces sarcophages on lisait les noms des gardes nationaux ou Suisses qui avaient péri à l'affaire de Nancy.

Une bande de quatre-vingt-trois sans-culottes suivait, faisant flotter des bannières, sur chacune desquelles on lisait le nom de l'un des départements qui, de la sorte représentés, donnaient à la cérémonie jacobine le caractère d'une fête nationale. Derrière ces sans-culottes se pressait une multitude de citoyens et de citoyennes des diverses sections, en-

---

[1]. Il paraît que Clootz voulut renouveler cette même parade devant l'Assemblée législative. Nous avons trouvé la lettre suivante, qui peint admirablement le personnage et démontre sa folie. Cet homme fut cependant pris au sérieux par la France d'alors, puisque deux départements (Saône-et-Loire et Oise) le nommèrent, quelques mois plus tard, leur représentant à la Convention nationale.

« AU CHEF-LIEU DU GLOBE, LE 21 AVRIL DE L'AN IV.

« Législateurs,
« Il s'agit de la liberté du genre humain, permettez à son
« orateur de se présenter devant vous : je serai *laconique*, car
« le temps est venu de *parler*.

« ANACHARSIS CLOOTZ, orateur du genre humain. »

cadrés dans deux files de gardes nationaux sans armes, mais qui, conformément au programme, tenaient à la main un épi de blé. Ces épis n'étaient pas plus mûrs pour la moisson que ceux qui les portaient n'étaient mûrs pour la véritable liberté. La fête dont ils étaient les acteurs n'était en effet que le prologue de l'anarchie. Les hommes de bon sens s'en aperçurent tout de suite; trop tard le reconnurent bon nombre de ceux qui battaient des mains au défilé de toutes ces idylles en action, inventées et préconisées par les Hébert, les Collot et les Robespierre.

Puis venaient le *Livre de la Constitution,* la *Table de la déclaration des droits,* portés entre deux rangées de soldats-citoyens. Par cet étalage de la légalité matérielle, on mettait à couvert la responsabilité des magistrats municipaux qui suivaient l'image du pacte fondamental sous la conduite du maire de Paris. Sans doute, ces magistrats, auxquels s'étaient mêlés quelques députés, n'étaient point revêtus de leurs insignes, mais leur présence seule montrait en quel mépris la loi, qu'on proclamait inviolable, était déjà tombée. Les représentants des sociétés patriotiques, des Jacobins, des Cordeliers, les précédaient, les entouraient et paraissaient les absorber, ce qui n'était pas encore absolument vrai, mais ce qui allait bientôt l'être.

Cette longue file d'autorités légales et illégales était suivie de l'objet principalement offert à l'admiration du peuple : une *galère*. Car, dans cette fureur d'abattre tout ce qui avait été honoré jusque-là et de réhabiliter tout ce qui avait été méprisé, on avait résolu de donner la place d'honneur au signe de l'infamie.

Autour de cette galère s'enroulaient, « comme une couronne de fleurs, » suivant les expressions du poétique Tallien, « les quarante vierges » qu'il avait choisies. Les soldats de Châteauvieux les suivaient. Ils étaient mêlés à dessein avec des ci-devant gardes-françaises qui, pour exciter de plus chaleureuses démonstrations, avaient endossé leur ancien uniforme, et portaient le drapeau, les clefs et des pierres de la Bastille.

La marche était fermée par un char que traînaient vingt-quatre chevaux blancs et qui se terminait en forme de proue (toujours pour rappeler la galère). Une statue colossale de la Liberté y était assise sur une chaise curule. Devant elle, comme devant les idoles antiques, l'encens fumait. De la main droite elle montrait au peuple le bonnet rouge; de l'autre, que tenait-elle? un bouquet d'épis de blé? l'épée de la loi? non; une *massue!* N'était-ce point assez significatif? Sous ses pieds, selon la coutume, un joug était brisé. Au-dessus d'elle planait la Renommée annonçant au monde : *La France est libre!*

Le cortége s'arrêta au Champ de Mars; la foule des spectateurs qui s'y était accumulée ne manqua pas d'exprimer, par de chaleureux applaudissements,

combien sa curiosité s'estimait satisfaite. La *Table
de la déclaration* fut posée sur l'autel de la Patrie;
auprès d'elle on rangea les divers drapeaux et emblèmes; le char de la Liberté fut traîné au son de la
musique autour de l'autel. Enfin, l'ordre de la marche
fut rompu, et les citoyens et les citoyennes exécutèrent les danses et les farandoles les plus patriotiques.

VIII.

Marie-Joseph Chénier était l'auteur des devises et
des inscriptions offertes aux regards de la foule; il
avait versifié les chœurs patriotiques qui avaient été
chantés aux diverses stations de cette procession d'un
nouveau genre, destinée à inaugurer un nouveau
culte, celui de la licence. Au même moment, son
frère, André Chénier, dénonçait l'anéantissement des
lois dans des ïambes où l'ironie la plus sanglante se
mêle à la poésie la plus sublime. La fête soi-disant
patriotique ne dura que quelques heures, les ïambes
sont restés immortels et vengeront amplement, dans
les siècles futurs, la morale, la raison et la justice
si indignement outragées ce jour-là par Collot-d'Herbois et ses acolytes. Aux yeux des littérateurs et des

poëtes, ils rappellent les chefs-d'œuvre dont Archiloque et Juvénal ont enrichi l'antiquité; aux yeux de l'historien, ils sont un admirable résumé de la situation que subissaient, en 1792, les vrais amis de la liberté. C'est le dernier cri de douleur d'une âme libre qui voit s'évanouir ses illusions, à la lueur de l'incendie allumé par l'égale fureur des deux partis extrêmes qu'elle s'est épuisée à combattre.

Hélas! pourquoi faut-il se rappeler que ces vers magnifiques coûtèrent la vie à leur auteur, et que les modernes tyrans se vengèrent, comme les tyrans de l'antiquité, en envoyant à la mort le poëte qui les avait bafoués!

Salut, divin triomphe! entre dans nos murailles,
  Rends-nous ces guerriers illustrés
Par le sang de Desille et par les funérailles
  De tant de Français massacrés.
Jamais rien de si grand n'embellit ton entrée :
  Ni quand l'ombre de Mirabeau
S'achemina jadis vers la voûte sacrée
  Où la gloire donne un tombeau;
Ni quand Voltaire mort et sa cendre bannie
  Rentrèrent aux murs de Paris,
Vainqueurs du fanatisme et de la calomnie
  Prosternés devant ses écrits.
Un seul jour peut atteindre à tant de renommée,
  Et ce beau jour luira bientôt :
C'est quand tu conduiras Jourdan[1] à notre armée

---

1. Il s'agit ici de Jourdan Coupe-tête, le chef des assassins

LE 20 JUIN 1792.

Et La Fayette à l'échafaud.
Quelle rage à Coblentz, quel deuil pour tous ces princes,
 Qui, partout diffamant nos lois,
Excitent contre nous et contre nos provinces
 Et les esclaves et les rois!
Ils voulaient nous voir tous à la folie en proie;
 Que leur front doit être abattu,
Tandis que, parmi nous, quel orgueil, quelle joie,
 Pour les amis de la vertu,
Pour vous tous, ô mortels qui rougissez encore
 Et qui savez baisser les yeux,
De voir des échevins que la Râpée honore[1],
 Asseoir sur un char radieux
Ces héros que, jadis, sur un banc des galères
 Assit un arrêt outrageant,
Et qui n'ont égorgé que très-peu de nos frères
 Et volé que très-peu d'argent!
Eh bien! que tardez-vous, harmonieux Orphées?
 Si, sur la tombe des Persans,
Jadis Pindare, Eschyle, ont dressé des trophées,
 Il faut de plus nobles accents.
Quarante meurtriers, chéris de Robespierre,
 Vont s'élever sur nos autels.
Beaux-arts, qui faites vivre et la toile et la pierre,
 Hâtez-vous, rendez immortels

---

de la glacière d'Avignon; il fut condamné à mort par le tribunal révolutionnaire, le 8 prairial an II, comme voleur et concussionnaire.

1. L'un des jours qui avaient précédé la fête de Châteauvieux, Pétion avait dîné à la Râpée, avec des officiers municipaux seulement, disait-il; — avec les meneurs jacobins, affirmaient Dupont de Nemours et André Chénier.

Le grand Collot-d'Herbois, ses clients helvétiques,
  Ce front que donne à des héros
La vertu, la taverne et le secours des piques ;
  Peuplez le ciel d'astres nouveaux.
O vous, enfants d'Eudoxe et d'Hipparque et d'Euclide,
  C'est par vous que les blonds cheveux,
Qui tombèrent du front d'une reine timide,
  Sont tressés en célestes feux ;
Par vous l'heureux vaisseau des premiers Argonautes
  Flotte encor dans l'azur des airs ;
Faites gémir Atlas sous de plus nobles hôtes,
  Comme eux dominateurs des mers ;
Que la nuit de leurs noms embellisse ses voiles,
  Et que le nocher aux abois
Invoque en leur galère, ornement des étoiles,
  Les Suisses de Collot-d'Herbois [1].

---

1. Nous ne pouvons nous séparer d'André Chénier, dont la belle et noble figure apparaît un instant dans ce récit, sans payer à sa mémoire la dette de la patrie en deuil, sans livrer ses bourreaux au mépris de la postérité. On trouvera à la fin de ce volume l'interrogatoire que les agents du Comité de sûreté générale firent subir à André Chénier, lorsque, deux ans après la fête des Suisses de Châteauvieux, il fut arrêté sortant de la maison de son ami M. Pastoret. Jamais l'ignorance et la stupidité n'ont été poussées plus loin que par les sicaires qui se saisirent brutalement de l'un des plus grands poëtes dont s'honore la France, et quelques jours après l'envoyèrent au tribunal révolutionnaire, c'est-à-dire à l'échafaud.

IX.

Le ministère girondin qui avait été imposé à Louis XVI après le renvoi de Narbonne, ministre de la guerre, et la mise en accusation de Delessart, ministre des affaires étrangères, subsistait depuis trois mois. Il s'était montré très-favorable à la manifestation démagogique du 15 avril, qui avait suivi de près son avénement au pouvoir. Depuis lors, grâce à ses excitations tacites, l'Assemblée législative avait continué à saper les fondements du trône.

Les deux hommes les plus importants de ce ministère étaient Dumouriez et Roland.

Le premier, intrigant habile, roué émérite, aventurier infatigable, avait été employé dans la diplomatie occulte de Louis XV. Il brûlait du désir de se faire une place et un nom dans l'histoire de son pays; mais ce nom, cette place, peu lui importait de quelle manière il les obtiendrait. Le jour de sa nomination au ministère, il accourut au club des Jacobins, voulant que le véritable souverain du jour sanctionnât le choix que le roi nominal avait fait de sa personne; il alla jusqu'à se coiffer du bonnet rouge, pour faire acte complet d'adhésion aux mœurs et aux idées du lieu; mais, secrètement, il ne demandait pas mieux que de se prêter aux menées les plus contre-révolutionnaires, pourvu qu'elles eussent des chances de réussite, et que, dans le plan de restauration de la monarchie plus ou moins absolue, il pût jouer le rôle de Monk. Pas plus que Mirabeau, il n'avait une conscience bien délicate ni une vertu bien ferme; mais, comme le grand orateur, il possédait l'instinct véritable des nécessités du gouvernement dans le temps où il vivait; il avait l'audace et la promptitude du coup d'œil qui permettent de faire tourner les événements au gré de ses desseins. Il avait, de plus que Mirabeau, le génie de la guerre, et, dans son apparition sur le premier plan, — apparition qui ne fut qu'un instant dans cette vie si longue dont le commencement avait été absorbé par d'obscures intrigues et dont la fin s'écoula dans l'exil et la proscription, — il eut la gloire immortelle de sauver son pays de l'invasion étrangère.

Roland présentait le contraste le plus frappant de toutes les qualités, comme de tous les défauts du brillant Dumouriez. Ils avaient à peu près le même âge[1]; mais cette vie, que l'un avait dépensée à visiter les divers pays de l'Europe, à nouer des intrigues, à former des projets chimériques, à courir

---

[1]. Roland, né en 1734, avait cinquante-huit ans; Dumouriez, né en 1739, en avait cinquante-trois.

après la fortune, l'autre l'avait passée au fond de son cabinet à écrire des mémoires sur des sujets de philosophie et d'économie politique, à s'admirer dans ses œuvres, à s'enivrer de son propre mérite. Ses liaisons avec la gauche de l'Assemblée législative le firent sortir tout d'un coup de l'obscurité et le transplantèrent, d'un petit appartement de la rue de la Harpe, dans les salons du ministère de l'intérieur, le plus important et le plus difficile de tous les ministères, aux temps de troubles et d'agitations. Il s'y montra rogue, hautain, d'un esprit sans portée et sans initiative, croyant avoir tout fait lorsqu'il avait, comme à l'époque où il était à Amiens ou à Lyon inspecteur des manufactures, écrit un rapport ou élaboré une circulaire ; il se drapa continuellement dans sa vertu, mais il ne sut pas s'exposer au danger lorsque son devoir le lui commandait, lorsque son honneur l'exigeait[1].

---

1. Voici le portrait qu'a tracé de Roland le girondin Daunou dans un fragment de ses Mémoires, en date d'août 1794 :

« Roland, magistrat probe, instruit, courageux, mais auquel on reprochait le pédantisme de toutes les vertus qu'il avait, ferme et vigilant, mais aigre et maladroit, trop épineux dans les détails de son administration pour conserver longtemps un assez grand nombre d'amis. »

Roland méritait tous les reproches, mais non certes tous les éloges que nous trouvons sous la plume de Daunou, car il ne fut souvent ni ferme, ni vigilant, ni courageux, si le courage consiste, comme nous le croyons, à se précipiter au milieu du danger plutôt qu'à écrire du fond de son cabinet des phrases plus ou moins pompeuses.

Le cabinet girondin était divisé en deux parties égales : Servan et Clavières, ministres de la guerre et des finances, suivaient Roland ; Dumouriez était soutenu par les ministres de la justice et de la marine, Duranthon et Lacoste, lesquels, il est vrai, n'avaient aucune influence ; mais la personnalité de Dumouriez était par elle-même assez forte pour faire échec à ses collègues, eussent-ils été réunis contre lui.

Ce ministère, que le roi subissait avec impatience, devait se dissoudre à la première occasion. Le ministre de la guerre, Servan, provoqua la crise.

Le 4 juin, sans en avoir prévenu ni le roi ni ses collègues, il vint à l'Assemblée nationale proposer la formation, sous les murs de Paris, d'un camp de vingt mille fédérés.

La Législative accueillit cette idée avec faveur, et, dès le 6, malgré l'opposition de la droite, qui demandait que l'on répondît par la question préalable à une proposition ministérielle faite d'une manière si insolite, elle vota un décret en sept articles, qui consacrait la formation d'un camp de vingt mille fédérés, recrutés dans toute la France, à raison de cinq hommes par canton, l'envoi immédiat aux frontières de toutes les troupes de ligne qui se trouvaient à ce moment dans la capitale, et la réunion de ces vingt mille volontaires, pour le 14 juillet prochain, à l'effet de former une fédération nouvelle et de resserrer ainsi, disait le décret, les liens de fraternité entre les départements et Paris.

La proposition de Servan et le vote approbatif de l'Assemblée furent, dans le conseil des ministres, le signal des récriminations les plus vives. La querelle s'échauffa tellement entre Dumouriez et Servan, qu'ils mirent tous les deux la main sur la garde de leur épée et que, sans la présence du roi, le sang eût coulé.

Un autre sujet de discussions perpétuelles entre Louis XVI et ses ministres, était la question de savoir si la sanction royale serait donnée aux mesures de rigueur que l'Assemblée venait d'édicter contre les prêtres insermentés.

Le serment civique imposé aux prêtres et ses conséquences légales agitaient la France depuis deux ans et ne contribuaient pas peu à faire dévier la révolution de la marche normale qu'elle avait prise aux beaux jours de 1789. Ce fut la faute capitale de la Constituante, la faute qui pesa sur son œuvre entière et ruina les plus solides espérances des vrais amis de la liberté et de l'égalité. Voulant diminuer l'influence de cette partie du clergé qui n'acceptait pas les réformes politiques et sociales, notre première Assemblée nationale ne s'était d'abord permis que de réglementer certains points de discipline qu'elle croyait pouvoir considérer comme étant de la compétence de l'autorité séculière. Mais bientôt, se laissant emporter par l'ardeur et l'éloquence de quelques-uns des membres de son comité ecclésiastique, elle alla beaucoup plus loin qu'elle ne l'avait voulu d'abord, et adopta des mesures dont elle ne comprit que trop tard la portée : sans le savoir, elle avait alarmé les consciences et semé, parmi les populations des campagnes, des ferments de haine et de discorde, d'où devait naître le plus épouvantable des fléaux, la guerre civile.

Lorsque, six mois après l'adoption de la constitution du clergé, l'Assemblée constituante prescrivit à tous les ecclésiastiques remplissant des fonctions publiques d'avoir à prêter le serment constitutionnel, sous peine de se voir destitués et enlevés violemment à leur diocèse ou à leur paroisse, une scission bien plus profonde se manifesta dans le clergé : tous les évêques qui faisaient partie de l'Assemblée, sauf deux, refusèrent le serment; tous les évêques de France, hormis trois, imitèrent leur exemple.

Loin de chercher à calmer l'irritation produite par la question religieuse, la Législative ne sut qu'exagérer la violence de la Constituante contre le clergé récalcitrant. Elle priva les prêtres qui se refusaient à prêter serment de tout traitement, de toute indemnité, elle les déclara suspects de révolte contre la constitution et de mauvaises intentions contre la patrie; elle prononça contre eux la déportation, non comme une peine, mais comme une mesure de sûreté générale, et donna aux directoires de départements le pouvoir exorbitant de mettre hors la loi commune un certain nombre de Français; enfin, se défiant de la mansuétude des autorités départementales, elle décréta que la dénonciation de vingt citoyens actifs suffirait pour obliger ces autorités à faire usage de ce droit vraiment draconien.

Depuis plusieurs semaines, le dernier de ces décrets était, chaque jour, placé sur la table du conseil des ministres pour que Louis XVI y apposât sa signature, et chaque jour le monarque y jetait un coup d'œil, puis l'écartait silencieusement.

Une pareille situation ne pouvait durer longtemps, et Roland finit par écrire au roi cette fameuse lettre qui est restée dans l'histoire comme l'ultimatum adressé par les Girondins à la royauté.

Louis XVI ne put lire sans colère les conseils, ou plutôt les injonctions de son ministre de l'intérieur. Il fit appeler Dumouriez; la reine était présente; ce fut elle qui entama la conversation :

« Croyez-vous, monsieur, que le roi doive supporter plus longtemps les menaces et les insolences de Roland, les fourberies de Servan et de Clavières ?

— Non, madame, répondit le général, j'en suis indigné; j'admire la patience du roi, et j'ose le supplier de changer entièrement son ministère.

— Je veux que vous restiez, reprit le roi, vous, ainsi que Lacoste et le bonhomme Duranthon ; rendez-moi le service de me débarrasser de ces trois factieux insolents, car ma patience est à bout. »

Dumouriez accepta, mais à la condition que le roi sanctionnerait les deux décrets. Le roi consentit, non sans peine, à promettre de lever le *veto* qui pesait

4.

sur la formation du camp des vingt mille; il céda même, à ce que prétend Dumouriez, relativement à la déportation des prêtres. Mais il est difficile de le croire.

Quoi qu'il en soit, le message royal qui retirait le ministère de la guerre à Servan lui fut porté, le 12 juin, par le ministre des affaires étrangères, et, le lendemain matin, Roland et Clavières reçurent leurs démissions.

X.

Les trois ministres renvoyés n'imitèrent pas la conduite que Necker avait tenue dans une circonstance à peu près semblable. Ils résolurent d'en appeler à l'Assemblée de la mesure, parfaitement constitutionnelle, que venait de prendre le roi.

Servan avait été le premier renvoyé. Ce fut aussi sa lettre qui parvint la première à la Législative. « Au moment, y était-il dit, où, encouragé par mes concitoyens, je commençais à jouir de la flatteuse espérance de pouvoir être utile à ma patrie, j'ai reçu l'ordre du roi de remettre le portefeuille au ministre des affaires étrangères... Ma conscience me dit que je n'en dois pas moins compter sur les bontés de l'Assemblée pour moi, et j'espère qu'elle voudra bien permettre que j'aille m'acquitter de mes devoirs de soldat, dès que j'aurai déposé mes comptes entre ses mains. » La lecture de cette lettre est couverte des applaudissements réitérés des tribunes et d'une grande partie des députés. « Oui, oui, crie-t-on à gauche; M. Servan emporte nos justes regrets ! »

Dussaulx propose de rendre un décret qui consacre le vœu de la majorité; à la presque unanimité, il est décrété que Servan, ministre de la guerre, emporte l'estime et les regrets de la nation.

Le bruit des applaudissements, par lesquels les tribunes saluent ce décret, retentit encore, lorsque le président annonce qu'il vient de recevoir une lettre du roi qui notifie la nomination des trois nouveaux ministres. A peine y fait-on attention, on se hâte de lire les lettres que le président vient de recevoir de Clavières et de Roland. La lettre de ce dernier renfermait la copie de celle qu'il avait écrite au roi trois jours auparavant[1]. Dans ce programme des volontés de la Gironde, on mettait le marché à la main à Louis XVI; on lui déclarait qu'en refusant de sanctionner les décrets rendus récemment par l'Assemblée

---

1. Roland, paraît-il, ne se résolut qu'au dernier moment à communiquer à l'Assemblée la lettre qu'il avait écrite au roi, car il en envoya au président la minute même. Nous avons eu cette pièce entre les mains et nous avons constaté qu'elle porte des ratures et des additions, destinées à la rendre en tout semblable au texte même qui avait été envoyé à Louis XVI.

il suscitait contre lui « les implacables défiances d'un peuple *contristé*, qui ne verrait plus dans son roi que l'ami et le complice des conspirateurs. » — « Il n'est plus temps de reculer, disait Roland, il n'y a même plus moyen de temporiser ; la révolution est faite dans les esprits ; elle s'achèvera au prix du sang et sera cimentée par le sang, si la sagesse ne prévient pas les malheurs qu'il est encore possible d'éviter. »

La lecture de la lettre de Roland reçoit, à plusieurs reprises, les marques de la plus vive approbation.

Sur ces entrefaites paraît Dumouriez. Des murmures et même des huées l'accueillent, le ministre n'y fait pas attention ; il annonce qu'il a une communication à faire à l'Assemblée.

Mais celle-ci tient à le rendre témoin des marques de sympathie qu'elle prodigue à ceux qu'il vient de contribuer à faire renvoyer ; avant de lui accorder la parole, on vote successivement les décrets qui associent Roland et Clavières aux regrets déjà exprimés à l'occasion de la retraite de Servan, et ordonnent l'impression et l'envoi aux quatre-vingt-trois départements de la lettre de Roland au roi.

Enfin, Dumouriez obtient la parole. Il rend compte d'un engagement d'avant-garde, dans lequel vient de succomber le général Gouvion qui, deux mois auparavant, comme nous l'avons vu, avait quitté l'Assemblée dans l'intention de se faire tuer glorieusement à la première occasion. Il expose ensuite, dans un long mémoire, la situation de l'armée, se plaint de l'état déplorable dans lequel il la trouve en entrant au ministère, et accuse hautement l'impéritie de ses prédécesseurs, Degrave et Servan.

La gauche interrompt souvent cette lecture, accuse le ministre de trahison et menace d'envoyer l'auteur du mémoire par-devant la haute cour d'Orléans.

Dumouriez signe froidement le manuscrit, le dépose sur le bureau et sort de la salle.

Son départ est le signal de récriminations nouvelles; le nom de traître et de calomniateur lui est prodigué, et un décret ordonne à Dumouriez de déposer dans les vingt-quatre heures les pièces justificatives des faits contenus dans son rapport.

La colère de l'Assemblée ne fut rien encore auprès de la violence que déployèrent les Jacobins et la presse. Pendant trois jours, le général fut en butte à toutes les injures, à toutes les menaces, à toutes les fureurs du parti ultra-révolutionnaire.

Quelque hauteur qu'il eût mise, s'il faut l'en croire, à affronter les colères de ces mêmes Jacobins, dont il avait naguère recherché si avidement les faveurs, il était loin d'être rassuré. Le roi tiendrait-il la promesse moyennant laquelle il avait accepté la succession de ses anciens amis et l'impopularité qui avait été la suite inévitable de sa conduite? Toute la question était là pour lui.

Aussi s'empressa-t-il de demander au roi de sanctionner les décrets; mais, après deux jours de sollicitations extrêmement pressantes, il s'aperçut qu'il était impossible de rien obtenir, et il offrit sa démission. Peut-être un peu contre son attente, le roi l'accepta sur-le-champ. Dumouriez se vit ainsi renvoyé trois jours après ses collègues, au moment où il croyait avoir consolidé pour longtemps sa position par la preuve éclatante de dévouement qu'il venait de donner à Louis XVI.

Le ministère girondin fut remplacé par un cabinet composé de noms à peu près inconnus. Le jour même où la formation de ce cabinet était notifiée à l'Assemblée, celle-ci recevait du général La Fayette une lettre qui devait avoir un immense retentissement. Ce n'était rien moins que le manifeste du parti constitutionnel, comme la lettre de Roland avait été le manifeste du parti révolutionnaire.

Dans sa lettre, La Fayette accusait, devant l'Assemblée nationale, devant la France entière, les Jacobins d'être les auteurs de tous les désordres. Il représentait leur société comme un empire qui avait sa métropole et ses affiliations, comme une corporation distincte au milieu du peuple français dont elle usurpait les pouvoirs et subjuguait les représentants.

Les applaudissements avaient interrompu plusieurs fois la lecture de cette lettre. L'impression est aussitôt ordonnée à une très-grande majorité; bien plus, on demande l'envoi aux quatre-vingt-trois départements. C'était approuver d'une manière éclatante, absolue, et les opinions et la conduite du général.

Vergniaud s'élance à la tribune : « Lorsqu'un simple citoyen, dit-il, vous adresse une pétition et vous offre un conseil, vous devez l'entendre ; mais lorsqu'un général d'armée veut vous donner des avis, il ne peut le faire que par l'organe des ministres ; s'il en était autrement, ce serait fait de la liberté. Que sont les conseils d'un chef d'armée, sinon des ordres? Les intentions du général La Fayette peuvent être pures, mais il faut obéir aux principes, et ce serait les violer que de sembler approuver la conduite du général en envoyant officiellement sa lettre aux quatre-vingt-trois départements. Je demande l'ordre du jour. » La proposition de Vergniaud est mise aux voix et n'est pas adoptée. La gauche redouble alors ses cris, ses interpellations, prétend que la lettre du général La Fayette ne doit pas émaner de lui, puisqu'il y parle, à la date du 16 juin, d'événements qu'il ne pouvait pas connaître encore ; que si elle est revêtue de sa signature, c'est que cette signature a été donnée en blanc sur une lettre fabriquée à Paris. Mais toutes ces objections dilatoires n'empêchent pas la droite d'insister pour l'envoi aux départements. Les interpellations les plus violentes s'entre-croisent, le tumulte arrive à son comble, quand Guadet, qui a réussi à s'emparer de la tribune, s'écrie : « Si un général peut nous dicter des lois, nous n'avons plus de Constitution : lorsque Cromwell tenait un pareil langage, la liberté était perdue en Angleterre. Je demande que la lettre du général soit renvoyée à la commission des Douze. — M. de La Fayette ne demande que cela, » lui répond-on à droite.

Le renvoi est ordonné à l'unanimité, et la commission est chargée d'en rendre compte dans quatre jours au plus tard, c'est-à-dire le vendredi 22 juin. Puis l'Assemblée, qui un instant auparavant avait repoussé la motion de Vergniaud, se donne à elle-même un démenti en votant la question préalable sur la proposition d'envoyer la lettre du général aux départements.

L'émotion des représentants se communiqua à l'instant dans Paris. Elle eut naturellement son retentissement le soir même au club des Jacobins, qui, directement attaqué dans la lettre du général, sentit que c'était entre eux un duel à mort qui commençait. Tous les coryphées du parti, Robespierre, Camille Desmoulins, Collot-d'Herbois, Danton, Fabre d'Églantine, Chabot, Bazire, s'étaient donné rendez-vous dans la salle de la rue Saint-Honoré pour dénoncer le nouveau Monk. « Il a levé le masque, s'écriait-on de toutes parts ; il faut l'appeler à la barre de l'Assemblée et l'envoyer à la haute cour d'Orléans. »

Le lendemain, le ministre Duranthon vint annoncer officiellement à la Législative que le roi apposait son *veto* constitutionnel aux deux décrets sur le camp des vingt mille hommes et la déportation des prêtres insermentés.

XI.

Les chefs du parti démagogique saisirent avec empressement le prétexte d'agitation populaire qui leur était fourni par le refus de sanction des décrets et le renvoi du ministère girondin. Depuis longtemps ils rêvaient et organisaient *une journée*, non pas encore insurrectionnelle, mais qui préparerait l'insurrection, et les mettrait à même de faire la revue des forces dont ils pourraient disposer à l'heure suprême. La date était prise, c'était l'anniversaire du serment du Jeu de Paume; les rôles distribués, les complicités convenues et acceptées. Le résultat seul restait incertain : il dépendait du degré d'entraînement et d'exaspération auquel on pourrait amener les masses. Quant au programme, les incidents que nous venons de raconter ne firent qu'y apporter quelques modifications.

Depuis plus d'un mois le faubourg Saint-Antoine était agité par Santerre et ses amis, qui, dès le 2 juin, avaient établi dans l'église des Enfants-Trouvés une chaire permanente de doctrines démagogiques; cette création avait été favorisée par le maire Pétion.

Les conspirateurs tenaient leur conciliabule tantôt dans la maison du brasseur Santerre, tantôt dans la salle du comité de la section des Quinze-Vingts. On allait prendre le mot d'ordre chez Danton et chez les principaux meneurs, qui, comme toujours, restaient dans l'ombre et laissaient agir les enfants perdus du parti. A la tête de ceux-ci se plaçaient Santerre et Alexandre, commandants des bataillons des Enfants-Trouvés et de Saint-Marcel, qui répondaient, disaient-ils, de leurs faubourgs[1]. Après eux venaient : l'homme des coups de main et des massacres, Fournier, dit l'Américain, quoiqu'il fût Auvergnat, parce qu'il avait longtemps habité Saint-Domingue, où ses instincts féroces avaient pu se développer ; le marquis

---

1. Lorsque les événements eurent porté leurs amis au pouvoir, Santerre et Alexandre ne s'oublièrent point.

Alexandre se fit allouer (septembre 1792) une indemnité de douze mille livres pour les services essentiels qu'il avait rendus à la chose publique avant et après le 10 août. Santerre obtint décharge d'une somme de 49,603 livres qu'il devait à la ferme générale, depuis 1789 et 1790, pour les droits qui auraient dû être perçus sur la bière par lui fabriquée. Le rapport du ministre des finances (17 avril 1793) déclare que cette bière ayant été consommée en très-grande partie dans un but patriotique, il y a lieu de faire au brasseur républicain remise de sa dette.

Santerre, avant le 20 juin, avait imploré la protection des ministres de Louis XVI, Necker et Delessart. Plus tard, après la crise révolutionnaire, il implora celle du premier consul Bonaparte. (Voir les lettres de Santerre à la fin du volume.)

Alexandre fut ministre de la guerre pendant cinq minutes (22 juin 1793), et, après être resté commissaire des guerres

de Saint-Huruge, perdu de dettes et de débauches, qui, de noble renié par sa caste, s'était fait plébéien furibond; le futur général Rossignol, alors simple ouvrier bijoutier; le boucher Legendre, type de beaucoup de révolutionnaires de cette époque, homme à l'éloquence abrupte, qui, s'enivrant de ses propres paroles, se laissait aller aux plus effroyables exagérations de langage, passait du dernier paroxysme de la fureur à une véritable et sincère sensibilité, et qui donna l'exemple, tantôt du courage le plus énergique, tantôt de la plus insigne lâcheté; enfin le Polonais Lazowski, ancien protégé de la cour, qui, après avoir échoué dans ses vues ambitieuses en jouant le gentilhomme, avait cherché fortune en exagérant le costume et les mœurs de la plus vile canaille, et s'était ainsi acquis la faveur du faubourg Saint-Marcel, où il était capitaine de canonniers [1].

pendant huit années, devint membre du Tribunat sous la constitution consulaire.

1. Lazowski avait été, avant la Révolution, l'ami, le commensal du duc de la Rochefoucauld-Liancourt. Par le crédit de celui-ci il avait été nommé inspecteur des manufactures et était devenu le collègue de Roland. Dans le récit de ses *Voyages en France pendant les années 1787, 1788 et 1789,* le célèbre agronome anglais, Arthur Young, parle de sa liaison intime avec un gentleman accompli, M. de Lazowski. C'est ce même individu qui, trois ans plus tard, était à la tête des émeutiers du faubourg Saint-Marcel, se faisait le promoteur de la journée du 20 juin et mourait, au commencement de 1793, de débauches et d'excès de tout genre. Il fut presque canonisé comme un

Ce dernier fut choisi, avec neuf autres citoyens parfaitement obscurs, pour aller à l'Hôtel de Ville faire connaître la prétendue intention des faubourgs de se lever en masse, d'aller, armes sur l'épaule, planter l'arbre de la liberté dans le jardin des Tuileries, et déposer une adresse entre les mains du président de l'Assemblée nationale. La requête de ces pétitionnaires sans mandat fut soumise, le 16 juin, au conseil général, qui, malgré tout le désir qu'il avait de leur être agréable, ne pouvait évidemment pas, sous prétexte de fête ou de pétitionnement, autoriser une pareille démonstration. C'est ce que fit remarquer l'officier municipal Borie; et, sur sa motion, Lazowski et ses neuf compagnons furent éconduits par un ordre du jour ainsi motivé :

« MUNICIPALITÉ DE PARIS.

« Du 16 juin 1792.

« MM. Lazowski, capitaine des canonniers du bataillon de Saint-Marcel, Duclos, Pavie, Lebon, Lachapelle, Lejeune, Vasson, citoyens de la section des Quinze-Vingts, Geney, Deliens et Bertrand, citoyens de la section des Gobelins, ont annoncé au conseil général que les citoyens des faubourgs Saint-Antoine et Saint-Marcel avaient résolu de présenter, mercredi 20 du courant, à l'Assemblée nationale et

---

saint par ses frères et amis jacobins. (Voir les *Mémoires* de Mme Roland.)

au roi, des pétitions relatives aux circonstances et de planter l'arbre de la liberté sur la terrasse des Feuillants, en mémoire de la séance du Jeu de Paume.

« Ils ont demandé que le conseil général les autorisât à se revêtir des habits qu'ils portaient en 1789, en même temps que de leurs armes.

« Le conseil général, après avoir délibéré sur cette pétition verbale, et le procureur de la commune entendu :

« Considérant que la loi proscrit tout rassemblement armé, s'il ne fait partie de la force publique légalement requise, a arrêté de passer à l'ordre du jour.

« Le conseil général a ordonné que le présent arrêté serait envoyé au directoire du département et au département de police, et qu'il en serait donné communication au corps municipal.

« *Signé :* LEBRETON, doyen d'âge, président; ROYER [1], secrétaire. »

En entendant lire cet arrêté, les prétendus délégués des faubourgs entrèrent dans une violente colère et s'écrièrent [2], dans la salle même du conseil général, que rien ne les empêcherait d'exécuter leur projet, qu'ils iraient chez le roi et à l'Assemblée en

---

1. Le secrétaire-greffier-adjoint de la commune était un jeune homme courageux et énergique, qui devait plus tard se rendre célèbre sous le nom de Royer-Collard.
2. Déclaration de J.-J. Leroux.

dépit de tous les arrêtés. Retournés dans leurs faubourgs, ils y propagèrent l'agitation. Durant les journées des 17, 18 et 19 juin, chacun put voir grossir un mouvement populaire [1] qu'il eût été facile de prévenir en déployant un peu d'énergie dès le début.

XII.

Pétion désirait fort que le peuple exerçât une pression violente et sur l'Assemblée nationale et sur le monarque ; mais, premier magistrat de la ville de Paris, il était obligé de sauver les apparences, tenant à rester populaire si l'affaire réussissait, et, si elle échouait, à ne point perdre la mairie.

Ainsi, le 16, lorsque les pétitionnaires des faubourgs se présentèrent à l'Hôtel de Ville, le maire avait eu soin de se trouver absent et il put avoir l'air d'ignorer l'arrêté du conseil général, qui ne lui fut effectivement adressé en double expédition que le 18, par le secrétaire-greffier de la commune.

Outre l'excuse tirée de son ignorance, Pétion en avait une autre toute prête que ses défenseurs ne manquèrent pas de mettre en avant, lorsque, plus

---

1. Rapport du commandant général Ramainvilliers.

tard, il fut accusé d'avoir failli à ses devoirs ; la voici dans toute sa naïveté : « Les pétitionnaires du 16 juin ne paraissaient être que des individus désirant marcher sans être ralliés sous le drapeau de la force armée et sans être dirigés par les chefs reconnus par la loi ; à cause de cela, le conseil général avait dû leur opposer un ordre du jour, mais ce n'avait été qu'un simple appel à la loi, qui, dans les circonstances ordinaires, ne méritait pas d'être notifié à l'autorité supérieure et ne nécessitait en lui-même aucune action répressive ; par conséquent, avant de requérir la force contre les citoyens des deux faubourgs, qui donnaient des témoignages de patriotisme pur et vif, il était indispensable d'attendre qu'ils eussent laissé voir qu'ils enfreignaient effectivement la loi qui leur avait été rappelée[1] ! »

Le maire de Paris n'était pas, on le voit, très-disposé à prendre des mesures pour prévenir l'émeute qui se préparait. Mais le directoire du département était loin de partager la quiétude de Pétion. Ne possédant aucun moyen légal d'agir directement, il n'avait qu'une chose à faire, et il la fit : c'était de rappeler au maire et à la municipalité les devoirs que la loi leur imposait. Lettres, arrêtés, conférences, il n'épargna rien pour assurer le maintien de la tranquillité publique. Le maire et les administrateurs de police furent invités à venir rendre

1. Exposé de la conduite tenue par le maire Pétion.

compte de la situation de la capitale et des mesures qu'ils avaient prises ou étaient disposés à prendre. La conférence eut lieu, le 19 juin, entre deux et trois heures de l'après-midi ; elle fut longue, animée, pleine de reproches et de récriminations. Enfin, le directoire insistant, le maire écrivit, sur le bureau même du président, au commandant général de la garde nationale afin qu'il eût à « tenir les postes au complet, doubler ceux des Tuileries et de l'Assemblée nationale, avoir des réserves d'infanterie et de cavalerie, prendre toutes les dispositions analogues aux circonstances et propres au maintien de la tranquillité publique. » La lettre finissait ainsi : « Si vous avez besoin de troupes de ligne, vous pouvez, en vertu de mon autorisation générale, en faire la réquisition. »

Le directoire, en présence de Pétion, prit un arrêté dont il lui fut tout de suite remis une ampliation et dont une autre copie fut adressée sans retard au ministre de l'intérieur, pour être transmise à l'Assemblée nationale.

Dans cet arrêté, le directoire déclarait : qu'il était instruit par des rapports multipliés que des malveillants, nonobstant l'arrêté du conseil général de la commune, avaient l'intention de former des rassemblements armés, sous prétexte de présenter des pétitions ; qu'il croyait devoir rappeler la loi générale qui interdit aux citoyens de se réunir en armes sans réquisition préalable, ainsi que la loi municipale qui, tout en leur permettant de se réunir paisiblement et sans armes pour rédiger des pétitions, ne les autorise néanmoins qu'à députer vingt citoyens seulement pour présenter ces pétitions ; qu'afin d'éviter un outrage au conseil général, qui avait rejeté la demande des faubourgs, et aussi afin que la tranquillité de Paris ne fût pas troublée par des rassemblements illégaux, ni la majesté des représentants du peuple outragée, il ordonnait au maire, à la municipalité et au commandant général de prendre sans délai les mesures indispensables pour empêcher tout rassemblement qui pourrait blesser la loi, pour contenir et réprimer les perturbateurs du repos public, etc.

L'Assemblée nationale tenait sa séance du soir, lorsqu'elle reçut l'arrêté du directoire du département de Paris. Une députation de citoyens de Marseille était à la barre et y lisait une pétition des plus violentes :

« Législateurs, la liberté française est en péril, les hommes du Midi se sont tous levés pour la défendre. *Le jour de la colère du peuple est arrivé*. Le peuple, qu'on a toujours voulu égorger et enchaîner, las de parer les coups, à son tour est près d'en porter ; las de déjouer les conspirations, il a jeté *un regard terrible sur les conspirateurs*... Le lion généreux, mais aujourd'hui *trop courroucé, va sortir* de son repos pour s'élancer contre la meute de ses ennemis... Représentants du peuple, la force populaire fait toute votre force. Vous l'avez en main, employez-la... Une lutte entre le despotisme et la liberté ne peut être qu'un combat à mort... Représentants, *le peuple veut absolument finir une révolution*, qui est son salut et sa gloire, qui est l'honneur de l'esprit humain; il veut se sauver et vous sauver. *Devez-vous empêcher ce mouvement sublime?* Le pouvez-vous, législateurs?... »

C'était le 10 août annoncé la veille du 20 juin.

Un pareil appel fait à la force brutale soulève naturellement à gauche des transports d'enthousiasme, à droite des transports de colère. « L'impression et l'envoi aux départements! » crie-t-on d'un côté. « Cette adresse est incendiaire et inconstitutionnelle, » réplique-t-on des bancs opposés. Lecointe-Puyraveau rejette la violence du style des Marseillais sur « leur ciel brûlant » et n'en demande pas moins l'impression de leur adresse patriotique; après une épreuve contestée, la gauche, sur la vive insistance de l'Assemblée, finit par décréter l'impression et l'envoi des menaces marseillaises aux quatre-vingt-trois départements[1].

L'émotion soulevée par cette lecture et par ce vote n'était pas encore apaisée, quand le président annonce qu'il vient de recevoir l'arrêté départemental. « Qu'on ne le lise pas, s'écrie Saladin, nous n'avons pas de

---

[1]. Séance du 19 juin; *Moniteur et Journal des Débats et Décrets.*

temps à perdre. » Mais la majorité décide que lecture de l'arrêté du directoire sera faite; elle l'écoute en silence et passe à l'ordre du jour. Était-ce une approbation tacite, une indifférence calculée, un blâme déguisé? Chacun put interpréter à sa guise cette décision. Les chefs du mouvement projeté y virent la preuve évidente que l'Assemblée n'était pas déterminée à suivre le département dans sa ligne de conduite énergique et courageuse; ils agirent en conséquence.

XIII

Cependant l'agitation augmentait dans les faubourgs.

Les meneurs y représentaient la journée du lendemain comme une fête : « Il n'y a rien à craindre en se mêlant aux rassemblements, disaient-ils; Pétion sera avec nous! » Ils excitaient la curiosité populaire, dépeignant d'avance à la foule le plaisir qu'elle éprouverait à visiter les Tuileries, qui lui étaient inconnues, à voir chez eux monsieur et madame Veto[1].

---

1. C'est ainsi que les journaux démagogiques désignaient habituellement le roi et la reine.

Si quelques individus timorés manifestaient certaines appréhensions, on leur montrait les canons des bataillons révolutionnaires, et Santerre disait tout haut qu'en dépit de l'arrêté départemental la garde nationale n'aurait pas d'ordres.

Les sections des Quinze-Vingts, de Popincourt, des Gobelins et plusieurs autres encore siégèrent toute la nuit; la fièvre démagogique y fut entretenue par l'envoi et la réception des députations fraternelles, qu'elles échangeaient entre elles à chaque instant.

Pétion avait cru devoir convoquer à la mairie, à neuf heures du soir, les chefs de la garde nationale des faubourgs agités, pour, disait la lettre de convocation, « traiter avec lui d'un objet important. » Les quatre administrateurs de police, Panis, Sergent, Vigner, Perron, étaient présents à cette conférence [1].

Interrogé sur l'état des esprits dans son quartier, le chef du bataillon des Enfants-Trouvés, Santerre, assure que rien ne pourrait empêcher les citoyens et les gardes nationaux d'exécuter la promenade en armes décidée pour le lendemain.

Alexandre, chef du bataillon de Saint-Marcel, déclare que les dispositions de son quartier sont les mêmes que celles du faubourg Saint-Antoine; qu'il y aurait peut-être un grand danger à vouloir opposer la force à l'exécution de ce qui est fermement résolu.

---

1. Rapports des administrateurs de police.

Quant à lui, ne voulant pas aigrir ses concitoyens, il marchera avec eux, afin de les empêcher de se porter à aucun excès, et aussi afin de « modérer leur courage et leur impatience, si on vient à les provoquer[1]. »

Le chef du bataillon de Sainte-Marguerite, Bonneau, honnête chirurgien de la rue de Montreuil, mais faible et timide, se hasarde bien à présenter quelques observations, mais il finit par reconnaître que les gardes nationaux sont fort divisés et que la fermentation est grande dans son quartier.

La conférence allait se dissoudre sans que l'on eût rien résolu, lorsque, un peu après onze heures, arrive le commandant du bataillon du Val-de-Grâce, l'acteur Saint-Prix, qui avait reçu fort tard sa lettre de convocation. « Dites-nous à votre tour, lui demande le maire, quelles sont les dispositions de votre bataillon? — Les esprits, répond Saint-Prix, étaient paisibles jusqu'à l'ouverture d'un club à la porte Saint-Marcel[2]. Maintenant ils sont tous excités et divisés. Ce club, qui est entré en correspondance avec Santerre, engage les citoyens à se porter demain en armes à l'Assemblée nationale, chez le roi, malgré les arrêtés des autorités constituées[3]. »

Pétion était évidemment embarrassé. Il n'osait se

[1]. Rapport Alexandre.
[2]. La porte Saint-Marcel était située au coin de la rue des Fossés-Saint-Victor.
[3] Rapport Saint-Prix.

constituer en révolte ouverte contre la loi, il cherchait un biais, un faux-fuyant, et il n'en trouvait pas. La pétition préparée dans la brasserie du faubourg Saint-Antoine, et dont on lui avait fait par avance la lecture, quelque violente, quelque illégale qu'elle fût, était loin d'exciter sa colère. Au lieu de chercher à ramener les chefs évidents du mouvement, Alexandre et Santerre, il demandait leurs conseils. Il demandait aussi ceux de leurs collègues, qui, eux, n'étant pas dans le secret, parlaient et agissaient avec la plus complète bonne foi.

Ce fut alors que le chef de bataillon du Val-de-Grâce émit une opinion qui devint un trait de lumière pour Pétion. Saint-Prix était un homme d'ordre, il respectait sincèrement le roi et la constitution; c'était aussi un artiste éminent, qui jouait admirablement les rois sur la scène du Théâtre-Français, mais ce n'était ni un profond politique, ni un savant jurisconsulte : « Permettez-moi, monsieur le maire, dit-il, un conseil qui me paraît dicté par la prudence; puisque vous connaissez la pétition et le point de réunion, rendez-vous avec la municipalité au lieu du rassemblement, lisez l'arrêté du département, représentez, par une proclamation, au peuple qu'une pétition ne peut ni ne doit se faire en armes, que la démarche est illégale; que, sans le respect dû aux autorités constituées, la constitution, pour laquelle il a juré de mourir, n'existe plus. Obtenez des citoyens qu'ils déposent leurs armes, avant d'entrer à l'Assemblée nationale et chez le roi. Offrez au peuple pour garantie de sa sûreté de le précéder avec la municipalité. Ordonnez au commandant général de convoquer un certain nombre de volontaires par bataillon, qui, placés sur le flanc, à gauche et à droite de la municipalité, protégeraient la marche des pétitionnaires et donneraient ainsi un caractère d'autant plus imposant à cette démarche qu'elle serait totalement dans les formes légales[1]. »

Légaliser un mouvement essentiellement révolutionnaire, lui ôter tout péril et doubler sa force : quelle naïve idée pour un ami de l'ordre et des lois tel que Saint-Prix! Elle paraît triomphante à Pétion, qui aussitôt se retire dans une pièce voisine, pour conférer avec les administrateurs de police sur les moyens d'en concilier l'application avec l'arrêté départemental. Quelques minutes après, l'administrateur Vigner sort de la mairie, chargé d'aller s'entendre avec le procureur général syndic Rœderer, afin que toutes les autorités constituées de Paris se trouvent d'accord « pour l'adoption d'un même moyen légal appliqué aux circonstances. » Quant au maire, il revient vers les chefs de légion, et, en les invitant à se retirer, leur dit : « Je vous instruirai de la réponse qui me sera faite par le département. Écrivez au commandant général pour le prévenir de ce qui se prépare et le prier de vous donner les instructions

---

[1]. Rapport Saint-Prix et rapport Rœderer.

qu'il croira convenables. » Il était alors un peu plus d'une heure du matin.

Arrivé au département, Vigner y rencontre Rœderer et lui soumet la nouvelle proposition du maire[1]. Rœderer semble l'approuver, mais ne croit pas pouvoir y répondre sans avoir l'avis du directoire, qu'il convoque immédiatement. Vigner ne veut pas attendre et retourne à la mairie auprès de Pétion. Celui-ci, persuadé que le directoire ne peut faire autrement que de se rendre aux très-bonnes raisons, suivant lui, exposées dans sa lettre, va se coucher et se contente d'expédier aux membres du corps municipal, ou

---

[1]. Nous donnons ici le texte même de la lettre écrite au directoire le 20 juin, à une heure du matin, par le maire et les administrateurs de police :

« Le département de police, messieurs, ayant été instruit par différents rapports que les citoyens des faubourgs marchent en armes, ayant été instruit que des sections ont pris des délibérations à ce sujet pour autoriser les commandants de bataillon à les conduire, les juges de paix et les commissaires de police à les accompagner, ayant été instruit enfin que les habitants des environs de Paris venaient se réunir en armes à ce cortége, a cru devoir réunir les commandants de bataillon pour avoir d'eux des explications claires et précises.

« Ils s'accordent à dire que les citoyens leur paraissent dans les intentions les plus pacifiques, mais qu'ils tiennent avec la plus grande opiniâtreté à aller en armes. Ils s'appuient de ce qu'ils y ont été jusqu'ici et de ce que l'Assemblée nationale les a bien reçus. Ils témoignent des défiances et des craintes de marcher sans armes. Nous avons fortement insisté, particulièrement auprès du commandant du bataillon du faubourg Saint-Marcel et d'un des commandants du faubourg Saint-Antoine.

au moins à ceux sur l'assentiment desquels il croit pouvoir compter, une lettre de convocation pour le lendemain matin.

XIV.

Pendant que le maire de Paris sommeillait, les membres du directoire du département avaient

Ils nous ont répondu qu'il leur paraissait impossible de vaincre les esprits à cet égard.

« Cette position, ainsi que vous le voyez, messieurs, est très-délicate ; il ne s'agit pas de quelques individus, mais d'un nombre considérable ; ne pourrait-on prendre un parti tout à la fois prudent et qui se concilie avec la loi?

« Toutes les armes pourraient se ranger autour de la garde nationale et sous l'autorité de ses chefs. Si les magistrats autorisent légalement les commandants de bataillon à marcher en armes, alors tout rentrerait dans la règle, et les armes fraterniseraient ensemble. Nous n'entendons pas parler que les pétitionnaires puissent se présenter en armes à la barre de l'Assemblée ou chez le roi ; ils paraissent convaincus, dès ce moment même, qu'ils ne le doivent pas.

« Nous soumettons ces réflexions à votre prudence. Nous vous prions de nous faire connaître promptement si vous les approuvez.

« Les maire et administrateurs de police,

« *Signé :* PÉTION, SERGENT, PANIS, VIGNER, PERRON. »

répondu à l'appel de Rœderer, et la discussion la plus vive s'était engagée sur la proposition municipale.

Il fut unanimement reconnu que l'on ne devait pas recevoir dans les rangs de la garde nationale des hommes pour la plupart inconnus, sans aveu, déjà en état de rébellion ouverte, munis de toutes sortes d'armes, qui ne pouvaient que semer le désordre au milieu de la force armée, et, en cas de sédition, la mettre dans l'impossibilité d'agir.

En conséquence il fut décidé qu'il serait sur-le-champ fait à la municipalité la réponse suivante :

« Paris, ce 20 juin 1791, cinq heures du matin.

« Nous avons reçu, messieurs, votre lettre de cette nuit ; nous ne croyons pas pouvoir en aucune circonstance composer avec la loi que nous avons fait le serment de faire exécuter ; elle nous trace nos devoirs d'une manière impérieuse. Nous croyons devoir persister dans notre arrêté d'hier. »

Précisément au moment où cette lettre était écrite, le maire s'éveillait. Inquiet de n'avoir pas encore reçu de réponse du département, il chargeait l'un des administrateurs de police, Sergent, de porter un billet ainsi conçu :

« La mesure indiquée est la *seule praticable*, surtout dans des circonstances où les citoyens n'ont pas eu le temps d'être prévenus et sont peut-être déjà sur pied à se préparer.

« Cinq heures du matin. »

Sergent eut beau répéter au directoire assemblé les raisonnements que Vigner avait déjà faits à Rœderer, les magistrats départementaux s'élevèrent avec vivacité contre toute légalisation d'une illégalité. La réponse fut expédiée, mais avec ce post-scriptum nécessité par l'arrivée de la nouvelle lettre de Pétion :

« *P.-S.* Nous recevons à l'instant votre lettre de cinq heures. Nous ne jugeons pas qu'elle doive nous faire changer de disposition. »

Le département écrivait en même temps au commandant général de la garde nationale qu'il eût à remplir son devoir conformément à l'arrêté de la veille, même à faire battre la générale si le danger devenait pressant; et au ministre de l'intérieur, pour lui faire part des propositions de la municipalité et du refus péremptoire qui venait d'y être opposé.

La résistance du directoire bouleversait toutes les espérances, anéantissait tous les plans de Pétion. Les ordres qu'il venait de recevoir étaient trop formels et trop précis pour qu'il pût affecter de ne pas les comprendre. Il sentit qu'il fallait s'exécuter et écrivit aux quatre chefs de bataillon la lettre suivante :

« Nous vous prévenons de nouveau, messieurs,

que vous ne pouvez vous réunir en armes... Voici, à cet égard, la lettre que nous envoient les membres du directoire. D'après cette lettre, nous augurons trop bien de votre civisme pour ne pas espérer que vous vous y conformerez et que vous éclairerez vos concitoyens. »

Les chefs de bataillon des faubourgs se trouvaient donc ballottés entre les instructions les plus contradictoires. Ils étaient en même temps exposés à recevoir les réquisitions extralégales des sections.

La section des Gobelins, avec laquelle Alexandre n'avait pas cessé d'être en rapport direct la veille et durant toute la nuit, invita Saint-Prix à venir, à la tête de ses troupes, « assister à la cérémonie qui se préparait à l'effet de planter l'arbre de la liberté sur la terrasse des Feuillants. » Saint-Prix répondit qu'il ne pouvait faire marcher son bataillon que sur réquisition légale; qu'ayant reçu au contraire la réquisition de ne pas bouger, il resterait à son poste. Cependant il ajouta que, comme citoyen, il se rendrait à la section sans armes, et même que, comme chef de bataillon, il s'empresserait de se joindre à elle, « si des ordres ultérieurs l'y autorisaient. »

Le commandant général de la garde nationale (c'était, pour le mois de juin, Ramainvilliers) était tout aussi embarrassé que ses subordonnés. Dès la pointe du jour, il s'était rendu à la mairie, mais il ne put obtenir aucune réponse précise; on lui dit qu'il fallait attendre la réunion du corps municipal. Tout ce que Pétion osa prendre sur lui, ce fut d'envoyer les administrateurs de police dans les faubourgs agités, pour se conformer aux instructions que la veille il avait reçues du département.

XV.

Lorsque Sergent et Panis arrivèrent au faubourg Saint-Antoine, à huit heures du matin, ils trouvèrent un grand nombre de citoyens, les uns armés, les autres encore sans armes. Les groupes se formaient çà et là devant les affiches apposées durant la nuit, lisaient l'arrêté du directoire et ne manquaient pas de le commenter avec colère. Les deux administrateurs de police engagèrent, mais sans doute très-faiblement, les sans-culottes de leur connaissance à déposer leurs fusils. Ceux-ci leur répondirent que l'on ne voulait attaquer ni l'Assemblée nationale, ni le roi, qu'on désirait seulement faire cortége aux vingt pétitionnaires légaux du peuple, et ensuite célébrer militairement l'anniversaire du Serment du Jeu de Paume. « Du reste, ajoutèrent-ils, nous avons peur qu'on ne nous fusille du côté des Tuileries, et nous tenons à avoir nos armes. »

A de pareils raisonnements Panis et Sergent se gardèrent bien de trouver des objections. Ils se rendirent au comité de la section des Quinze-Vingts. Une partie du bataillon des Enfants-Trouvés était déjà rassemblée autour du peuplier qui devait être planté aux Tuileries; Santerre haranguait une nombreuse réunion de citoyens avec ou sans uniforme, et soumettait à leur discussion la lettre qu'il avait reçue du maire. Les administrateurs de police firent (disent-ils dans leur rapport, mais c'est peu probable) tous leurs efforts pour déterminer le chef de bataillon et les citoyens à respecter la loi. Santerre leur répliqua qu'il agirait, quant à lui, conformément au désir du peuple. Par l'organe des sans-culottes qui remplissaient l'église des Enfants-Trouvés, le peuple couvrit la responsabilité du brasseur en répondant tumultueusement : « Déjà plusieurs députations *en armes* ont été reçues par le corps législatif; certains bataillons s'y sont présentés *en armes* sans que le directoire du département s'y soit opposé; la loi étant égale pour tous, nous irons, et nous serons reçus, nous aussi. » Les magistrats municipaux essayèrent encore, s'il faut les en croire, de ramener les égarés à la raison; mais, naturellement, ils n'y réussirent pas. En sortant du comité, ils redescendirent vers la Bastille; voyant, au milieu d'une foule énorme, errer des commissaires de section et même le commissaire de police *revêtu de son chaperon*, ils pensèrent qu'ils n'avaient plus qu'à s'en aller tranquillement déjeuner au coin du faubourg, dans un café, d'où ils pourraient admirer le spectacle de la formation des rassemblements[1].

Si, au lieu de revenir sur leurs pas, les administrateurs de police avaient poussé leurs investigations plus avant dans le faubourg, ils se seraient aperçus que l'élan populaire n'était pas aussi unanime, aussi irrésistible qu'ils le prétendaient ; si leur désir d'empêcher le rassemblement illégal avait été réel, ils seraient allés chercher à la section de Montreuil l'appui qu'ils avaient été heureux de ne point trouver à celle des Quinze-Vingts.

En effet, le 20 juin, à dix heures du matin, les membres du comité de la section de Montreuil et le commissaire de police étaient réunis pour veiller au maintien de l'ordre. Les commandants Bonneau et Savin, à la tête du bataillon de Sainte-Marguerite, résistaient aux invitations itératives que leur envoyait le bataillon des Enfants-Trouvés pour venir le rejoindre ; à toutes les suggestions, ils répondaient par le dernier ordre signé Pétion. Mais surviennent de nouveaux émissaires des Quinze-Vingts, soutenant que la consigne est levée. Ce mensonge se propage vite, grâce à l'absence des officiers municipaux, qui déjeunaient. Bonneau ne veut pas y ajouter foi ; il reste fidèle à son mandat et invite ses soldats à demeurer immobiles. Cependant un grand nombre

---

1. Rapport Sergent.

de gardes nationaux manifestent la volonté de suivre leurs amis des Quinze-Vingts, et, pour éviter l'effusion du sang, le malheureux commandant se décide à marcher, non sans protester contre la violence qui lui est faite.

Des scènes à peu près semblables, mais plus violentes, se passaient vers la même heure au faubourg Saint-Marcel. Le commandant en premier, Saint-Prix, et le commandant en second, Leclerc, dès leur arrivée au quartier général du bataillon du Val-de-Grâce, se trouvent environnés d'une foule d'hommes armés de piques, qui veulent forcer les gardes nationaux à les suivre. Les commandants rappellent la loi, se retranchent derrière les ordres qu'ils ont reçus. A leurs représentations, à leurs prières, la foule réplique par des injures et essaye d'enlever les canons affectés au bataillon. Déjà Saint-Prix commande aux gardes nationaux de se ranger en bataille, mais les canonniers ont abandonné lâchement leurs pièces, que les hommes à piques entraînent en courant. Saint-Prix et Leclerc se précipitent, tenant d'une main leur ordre, de l'autre leurs épées. A cette vue, les émeutiers s'arrêtent. Les deux commandants se placent devant les canons. Mais bientôt ils y sont seuls, car tous les hommes s'éloignent, à l'exception d'un adjudant. Menacés de mort, incapables de résister plus longtemps, ils rappellent les canonniers qui ont fui, leur remettent les bouches à feu, et croient devoir les accompagner, afin d'empêcher que le peuple n'abuse des armes dont il s'est emparé. En marchant avec la foule, ils prennent à témoin tous les citoyens qui restent sur leurs portes et à leurs fenêtres, qu'eux, les commandants de la force armée, ils ont été « contraints de marcher par la violence et l'insubordination .[1] »

Vers la même heure, Perron arrivait avec le chef de bataillon Alexandre et le président de la section des Gobelins sur le boulevard de l'Hôpital, où déjà étaient réunis beaucoup de gardes nationaux, et une foule d'hommes et de femmes, armés de fusils, de piques, de sabres, d'épées, de bâtons. Perron parle de la loi, de l'arrêté du directoire, des lettres de Pétion : personne ne veut l'entendre ; on l'invite à se mettre fraternellement à la tête du rassemblement ; il refuse et se retire [2]. Le juge de paix de la section des Gobelins, Thorillon, qui était en même temps député, tente une nouvelle démarche, court au chef-lieu de la section pour encourager la résistance aux illégalités flagrantes qui se préparent. Mais déjà le bataillon est en marche ; dans son impuissance, le comité civil de section ne peut que prier le juge-député de faire immédiatement part à l'Assemblée nationale des violences dont il a été témoin [3].

1. Rapport Saint-Prix.
2. Rapport Perron.
3. Compte rendu de la séance du 20 juin (*Journal des Débats et Décrets*, n° 267, p. 264).

Le maire, presque aussitôt après le départ des administrateurs de police, avait dépêché vers le faubourg Saint-Marcel trois autres officiers municipaux. Ceux-ci rencontrent, près de la rue des Fossés-Saint-Bernard, le rassemblement précédé de deux canons. Ils déploient leurs écharpes, la foule s'arrête et les entoure ; on les écoute un instant, mais on leur répond par le même mot d'ordre : « Nos motifs sont purs, nos desseins pacifiques ; nous voulons saluer l'Assemblée nationale, célébrer l'anniversaire du Serment du Jeu de Paume et planter un mai pour fêter ce grand événement. » Les officiers municipaux font timidement observer que, pour tout cela, il n'est pas besoin d'armes. « Nous ne nous désarmerons pas, leur répond-on, et si l'on envoie des canons contre nous, eh bien ! nous aurons les nôtres. » Les municipaux veulent encore parler, mais l'attroupement les interrompt en criant : « En voilà bien assez ; M. le commandant, en avant ! » Et Alexandre de répéter : « En avant ! en avant[1] ! »

Au même moment (midi environ), le faubourg Saint-Antoine s'ébranlait aussi. Santerre sortait de sa brasserie et prenait la tête du cortége. Il était suivi par les canons, le drapeau du bataillon et le char qui portait le peuplier. Le brasseur-commandant était le héros et le triomphateur du jour.

---

1. Rapport Alexandre et procès-verbal Mouchet, Guiard et Thomas.

XVI.

Pendant que les amis de Pétion, administrateurs de police ou simples officiers municipaux, dépensaient de vaines paroles pour ne rien empêcher, que faisait le maire de Paris lui-même? Il refusait tout ordre écrit au commandant de la garde nationale[1] qui n'osait pas agir sans cela, et, comme nous l'avons déjà dit plus haut, le retenait à l'Hôtel de Ville depuis huit heures du matin jusqu'à onze heures et demie[2], pour le faire assister à la séance du corps municipal.

Celui-ci se réunissait très-lentement et était loin d'être au complet longtemps après l'heure indiquée dans les billets de convocation. Il est vrai que ces billets n'avaient été portés que très-tard, ou ne l'avaient pas été du tout, aux membres de la part desquels Pétion pouvait craindre quelque opposition.

Enfin la séance est ouverte et le maire donne au corps municipal, ou plutôt à ses amis, seuls encore présents, lecture des rapports qu'il vient de recevoir

---

1. Déclaration Desmousseaux.
2. Rapport Ramainvilliers.

des administrateurs de police. Après cette communication se produisent, d'abord avec timidité, puis avec un peu plus d'audace, les raisonnements usités en pareille circonstance pour entraîner les gens faibles et indécis : « Il est impossible d'arrêter deux faubourgs tout entiers; il faut dès lors rendre régulière la marche du rassemblement, rallier au milieu de la garde nationale et sous le commandement de ses chefs les citoyens de toutes armes. » Grâce à de pareils arguments, la réunion semi-légale qui siége à l'Hôtel de Ville prend l'arrêté suivant :

« Le corps municipal étant informé qu'un grand nombre de citoyens de tous uniformes et de toutes armes se proposent de se présenter aujourd'hui à l'Assemblée nationale et chez le roi, pour remettre une adresse et célébrer en même temps l'anniversaire du Serment du Jeu de Paume;

« Le procureur de la commune entendu;

« Arrête :

« Que le chef de légion, commandant général de la garde nationale, donnera à l'instant les ordres nécessaires pour rassembler sous les drapeaux les citoyens de tous uniformes et de toutes armes, lesquels marcheront ainsi réunis sous le commandement des officiers des bataillons.

« *Signé :* Pétion, maire.
Dejoly, secrétaire-greffier. »

Au moment où cet arrêté vient d'être adopté, plusieurs des officiers municipaux avertis tardivement entrent dans la salle; mais on se contente de leur faire part de la mesure qui vient d'être prise, et on lève la séance. A l'un d'eux, Borie, qui témoignait son mécontentement « de voir la loi ainsi violée, » on répond : « Il fallait bien agir de la sorte, puisque les circonstances ne permettaient pas d'agir autrement. » La décision prise, le maire paraît croire la patrie sauvée, ne maintient pas son corps municipal en permanence, et se retire dans une salle particulière avec quelques intimes, se contentant d'envoyer du côté des Tuileries ses affidés les plus sûrs [1].

Le commandant général reçoit l'ampliation de l'arrêté qui vient d'être pris et rentre à l'état-major de la garde nationale; il y trouve plusieurs ordres émanés du ministère de l'intérieur et du directoire du département qui sont en contradiction formelle avec ceux qu'il tient de la main de Pétion. Naturellement ses hésitations redoublent, son inertie augmente.

Pendant ce temps le directoire du département siégeait en permanence rue du Dauphin et restait en communication incessante avec le ministère de l'intérieur, l'Assemblée et le Château.

L'Assemblée nationale venait d'ouvrir sa séance; Rœderer, procureur général syndic, s'y rend et lui expose les faits qui sont à sa connaissance.

---

1. Déclarations Borie, J.-J. Leroux, Desmousseaux.

« Un rassemblement extraordinaire de citoyens armés, dit-il, a lieu en ce moment malgré la loi, malgré deux arrêtés, l'un du conseil général de la commune, l'autre du département, qui rappellent la loi...

« Nous avons lieu de craindre que ce rassemblement ne serve à appuyer par l'appareil de la force une adresse au roi, à qui il ne doit en parvenir que sous la forme paisible d'une pétition.

« Les rapports qui nous ont été faits cette nuit et qui l'ont occupée tout entière ont autorisé nos craintes a cet égard.

« Une lettre du ministère de l'intérieur qui nous a été adressée ce matin, à neuf heures, les a confirmées...

« Vous connaissez, messieurs, l'arrêté que le directoire a cru devoir prendre hier pour fortifier celui que le conseil général de la commune a pris le 16 du courant; aujourd'hui nous n'avons eu qu'à en recommander de nouveau l'exécution à la municipalité et à lui faire connaître l'ordre qui nous a été transmis par le ministre de l'intérieur. Nous avons rempli ce devoir...

« Aujourd'hui, messieurs, un grand nombre de citoyens armés, accompagnant des pétitionnaires, se portent vers l'Assemblée nationale par un mouvement civique; mais demain il peut se rassembler une foule de malintentionnés, d'ennemis secrets de la Révolution et de l'Assemblée nationale elle-même.

« Qu'aurions-nous à leur dire, quel obstacle pourrions-nous mettre à leur rassemblement, en un mot, messieurs, comment pourrions-nous répondre de votre sûreté si la loi ne nous en donnait le moyen, et si ce moyen était affaibli dans nos mains par la condescendance de l'Assemblée nationale à recevoir des multitudes armées dans son sein?

« Nous demandons, messieurs, de rester chargés de tous nos devoirs, de toute notre responsabilité, et que rien ne diminue l'obligation où nous sommes de mourir pour maintenir l'ordre public et le respect dû aux pouvoirs qui forment les bases de la constitution. »

Les dernières paroles du procureur général syndic, si nettes, si fermes, auraient dû provoquer des applaudissements unanimes. Une partie seulement de l'Assemblée les salue d'acclamations; le reste, soutenu des tribunes, fait entendre des murmures désapprobateurs.

Le président, Français (de Nantes), se contente de répondre au directoire : « L'Assemblée nationale prendra en considération les observations que vous venez de lui soumettre. »

L'Assemblée nationale étant avertie officiellement de l'arrivée des pétitionnaires armés, il lui était impossible de ne point discuter d'avance la question de savoir si, en admettant dans son sein les violateurs de la loi, elle consentirait, pour nous servir des expressions d'un écrivain révolutionnaire, « à mettre à la merci de toutes les séditions possibles la liberté de ses débats, l'indépendance de ses votes, la dignité de ses membres. » Pour combattre les motions que devait naturellement présenter et soutenir la droite royaliste et constitutionnelle, la gauche envoie à la tribune le plus éloquent de ses orateurs, Vergniaud : « Je le crois, dit-il, et nous avons entendu avec plaisir M. Rœderer nous le confirmer, le civisme seul anime les citoyens qui ont formé le rassemblement dont on vient de vous parler. Mais je crois aussi que vous devez prendre les précautions que les circonstances commandent pour prévenir les événements que la malveillance pourrait occasionner. Parmi ces précautions, faut-il comprendre le refus de recevoir les pétitionnaires armés? Sans doute le sanctuaire de la loi ne doit être ouvert qu'aux législateurs et aux citoyens paisibles, et l'on peut craindre que, si aujourd'hui le civisme y conduit de bons citoyens, demain l'aristocratie n'y conduise des janissaires. Cependant, comme l'Assemblée constituante et la Législative, hier même, ont eu le tort de ne point refuser le passage à travers leur enceinte à des pétitionnaires armés, l'erreur des citoyens qui veulent, eux aussi, défiler, se trouve en quelque sorte autorisée par les abus antérieurs. »—Si donc, » ajoute Vergniaud proposant une transaction entre ce que les faubourgs en marche paraissent vouloir et ce que les magistrats départementaux réclament au nom de la loi, « si donc des citoyens sans armes viennent à votre barre vous demander de *défiler en armes*, comme vous n'avez pas refusé cette faveur aux autres, vous ne pouvez pas la refuser à ceux-ci : s'ils veulent présenter une pétition au roi, je pense qu'ils se conformeront aux lois, qu'ils iront à lui sans armes et comme de simples pétitionnaires. Ainsi il y a lieu de croire qu'il n'y a pas de danger pour la personne du roi; supposé qu'il y en eût, vous devez le partager. Je demande qu'une députation de soixante membres soit envoyée chez le roi pour y rester jusqu'à ce que le rassemblement soit dissipé. »

Mais d'autres députés ne paraissent pas avoir dans les intentions des pétitionnaires la même confiance que Vergniaud. Thorillon rend compte des scènes dont il a été témoin quelques heures auparavant, et demande, au nom du comité de la section des Gobelins, que l'Assemblée maintienne, comme elle le doit, l'exécution de la loi [1]. Dumolard insiste afin que la motion de Vergniaud pour l'envoi d'une députation chez le roi soit adoptée et que les rassemblements illégaux soient dissipés. Mais en ce moment le président annonce qu'il vient de recevoir une lettre de Santerre, commandant de l'un des bataillons du faubourg Saint-Antoine. On entend les premiers grondements de l'orage qui s'approche, d'immenses bruits de voix montent du dehors; à ces signes précurseurs, chacun comprend que le flot populaire bat déjà les portes de l'Assemblée nationale.

1. *Moniteur* et *Journal des Débats et Décrets*.

XVII.

Les deux bandes d'émeutiers que nous avons laissées se mettant en marche, l'une de la Salpêtrière, l'autre de la Bastille, n'avaient pas tardé à se réunir. Les dernières hésitations que les meneurs auraient encore pu rencontrer dans les masses, avaient été dissipées par l'arrêté du corps municipal permettant aux citoyens de tous uniformes et de toutes armes de marcher sous le commandement des officiers de la garde nationale.

Le long de la route, le rassemblement s'était grossi de cette foule de badauds et d'oisifs que l'on trouve toujours errants dans les rues de Paris, prêts à se joindre à n'importe quel cortége et même à suivre, par simple curiosité ou amour du tapage, les aventures de n'importe quelle émeute.

Le Manége, approprié pour l'Assemblée constituante, lors de sa translation de Versailles à Paris, était un bâtiment d'environ 150 pieds de longueur, qui, adossé à la terrasse des Feuillants, occupait à peu près l'emplacement où se croisent aujourd'hui les rues de Rivoli et de Castiglione. La terrasse existait telle qu'elle est encore maintenant: mais, à la place de la grille qui la sépare de la rue de Rivoli, il y avait une haute muraille qui empêchait toute communication entre la terrasse et une longue cour s'étendant entre le bâtiment du Manége et les Tuileries. Cette cour était très-étroite, et rien n'eût été plus facile que d'y enfermer la tête de la colonne des soi-disant pétitionnaires et de les y désarmer. Aussi les émeutiers du 20 juin se gardèrent-ils de s'engager dans cette espèce de défilé. Comme on pouvait également entrer à l'Assemblée par l'extrémité opposée du bâtiment qu'elle occupait, les meneurs décidèrent que les pétitionnaires se présenteraient par la porte des Feuillants, et leur firent suivre la rue Saint-Honoré jusqu'à la hauteur de la place Vendôme.

Au moment où ils arrivèrent, précédés de sapeurs, de canons et de la voiture sur laquelle était porté l'arbre de la liberté, deux des officiers municipaux, envoyés par Pétion aux environs des Tuileries, apparurent devant eux, ceints de leur écharpe. C'était Boucher-René et Mouchet. Avec une étonnante gravité, ces magistrats essayèrent de réitérer la comédie déjà jouée dans les faubourgs; ils firent observer aux citoyens armés et désarmés qu'ils ne pouvaient pas également se présenter en aussi grand nombre pour exercer leur imprescriptible droit de pétition. « Mais nous allons précisément en demander la permission à l'Assemblée nationale, » leur répondit-on; et convaincus par ce magnifique raisonnement, les hommes à écharpe se laissèrent entraîner jusqu'à la porte du Manége.

La foule s'arrêta sur l'ordre de son chef, Santerre, qui exigea de ses fidèles sans-culottes un peu de patience, pendant qu'il notifierait leur arrivée aux représentants du peuple et que ceux-ci délibéreraient sur l'admission des pétitionnaires.

La lettre adressée par le tout-puissant brasseur au président de la représentation nationale était conçue en ces termes :

« Monsieur le Président,

« Les habitants du faubourg Saint-Antoine célèbrent aujourd'hui l'anniversaire du Serment du Jeu de Paume; ils désirent présenter leurs hommages à l'Assemblée nationale. On a calomnié leurs intentions; ils demandent l'honneur d'être admis aujourd'hui à la barre; ils confondront une seconde fois leurs lâches détracteurs, ils prouveront toujours qu'ils sont les amis des lois et de la liberté, les hommes du 14 juillet.

« Je suis avec respect, monsieur le Président, votre très-humble et très-obéissant serviteur.

« *Signé :* SANTERRE, commandant de bataillon.

« Paris, le 20 juin 1792. »

La lecture de cette lettre provoque les bruyants applaudissements des tribunes. Une partie de l'Assemblée se lève en criant : « Qu'on introduise les pétitionnaires! — Non! non! » crie-t-on à droite. Ramond, l'un des plus courageux orateurs de ce côté, demande la parole; mais Lasource est déjà à la tribune. « Un des pétitionnaires, dit-il, m'a fait appeler pour m'annoncer que ceux qui attendent aux portes veulent seulement présenter une pétition à l'Assemblée et défiler devant elle; ils sont porteurs d'une adresse au roi, mais leur intention n'est pas de la présenter au roi en personne. Ils la déposeront sur le bureau, afin que l'Assemblée la fasse parvenir au roi ou décide dans sa sagesse ce qu'elle jugera convenable. » Puis, comme nous l'avons vu plus d'une fois dans la longue histoire de nos révolutions, l'orateur, se fiant aux promesses d'une foule irresponsable, ajoute : « Les pétitionnaires *prennent l'engagement formel de ne pas même approcher du domicile du roi.* »

Ces allégations, proférées du ton le plus affirmatif, ne font sans doute pas assez d'effet sur les esprits indécis, car Vergniaud présente aussitôt des arguments d'une tout autre nature : « Si, dit-il, le peuple s'est un peu écarté de la loi, c'est que le corps constituant et le corps législatif lui-même ont favorisé de pareils rassemblements. Si vous ordonniez que le département et la municipalité fissent exécuter la loi à la rigueur, si vous adoptiez la proposition de M. Dumolard, vous renouvelleriez infailliblement la scène sanglante du Champ de Mars... »

Des tonnerres d'applaudissements retentissent dans

les tribunes et à gauche ; la droite lance à l'orateur de vives interruptions. « Si l'on pouvait penser qu'il y eût quelque danger à l'admission des pétitionnaires armés, ce que je ne crois pas, reprend Vergniaud, je serais le premier à proposer pour demain un décret contre le renouvellement de ce danger. » Et néanmoins il conclut en demandant que l'Assemblée daigne recevoir à l'instant les citoyens de Paris qui sollicitent l'honneur de défiler devant elle.

Ramond veut répondre à Vergniaud, mais il est constamment interrompu par les vociférations de la gauche, qui réclame la clôture de la discussion. Enfin, la parole lui est maintenue par un vote, et déjà il commence à réfuter l'argumentation de ses adversaires[1], lorsque le président dit avec émotion : « Je suis obligé d'interrompre la discussion pour annoncer à l'Assemblée que le commandant de garde vient de m'avertir que les pétitionnaires sont aux portes de cette salle au nombre de huit mille. »

L'Assemblée est en proie à une vive agitation, que cette parole lancée par Calvet augmente encore : « Ils sont huit mille, et nous ne sommes que sept cent quarante-cinq ; c'est le moment de lever la séance et de nous en aller !

— Délibérons tranquillement, s'écrie un autre député ; que M. Ramond continue son discours ! »

---

1. Pour cette partie de la séance, le *Journal des Débats et Décrets* est beaucoup plus complet que le *Moniteur*.

L'Assemblée entière applaudit à cette dernière motion; Hua, Larivière et d'autres membres de la droite demandent eux-mêmes que Calvet, leur ami, soit rappelé à l'ordre; ce rappel est prononcé à l'unanimité. Tant il est vrai que dans toute assemblée, quelque divisée, quelque tumultueuse qu'elle soit, il y a des moments où le sentiment de la dignité personnelle fait taire les passions et réunit les opinions les plus divergentes; par malheur, ces moments sont souvent bien courts et les passions reprennent trop vite leur revanche.

Sur la proposition d'un membre de la gauche, Lacroix, la parole est rendue à Ramond. « Si huit mille hommes, reprend-il, sont pressés de paraître devant vous, vingt-cinq millions d'hommes attendent aussi votre délibération. Le corps législatif manquerait à la plus sainte de ses obligations s'il ne faisait pas déposer, aux portes de cette salle, les armes qui sont entre les mains des pétitionnaires. »

Guadet soutient que le désarmement est complétement impraticable, et il s'embarque dans une longue série de raisonnements pour démontrer qu'on ne peut mieux faire que d'accueillir avec faveur la proposition de Lasource et de Vergniaud. Mais Santerre et ses amis s'impatientaient probablement d'une trop longue attente, car le président interrompt l'orateur de la gauche en annonçant une seconde fois que les pétitionnaires font des instances pour être admis. L'Assemblée, de nouveau, dédaigne d'avoir égard à la sommation que lui adresse l'émeute hurlant à sa porte. Guadet continue à critiquer l'arrêté du directoire qui, à ce qu'il prétend, n'a été connu dans les faubourgs que lorsque déjà le rassemblement était formé et prêt à se mettre en marche; il conclut en demandant l'admission immédiate des pétitionnaires.

« C'est évident, s'écria Jaucourt; ceux qui les ont fait venir ne peuvent pas les renvoyer. »

Plusieurs membres, appartenant aux divers côtés, réclament encore la parole, mais l'Assemblée déclare la discussion close.

Un nouvel incident vient accroître le trouble et la confusion. Les pétitionnaires se croient tellement sûrs qu'on ne peut rien refuser à leur nombre et à leurs armes, que la clôture de la discussion leur paraît équivaloir à l'octroi de leur demande. Ils entrent dans la salle et paraissent à la barre avant qu'aucun décret les y autorise. Au milieu des protestations qui s'entre-croisent, le président est impuissant à se faire entendre; il se couvre, et, durant quelques minutes, la séance est interrompue. Des députés constitutionnels se portent vers la tribune; d'autres, debout à leurs bancs, interpellent le bureau afin qu'il maintienne l'inviolabilité du sanctuaire de la loi; certains représentants, sans doute les amis des délégués de l'émeute, vont au-devant de ceux-ci, et, après une courte explication, obtiennent d'eux qu'ils se retirent.

XVIII.

Pendant que les pétitionnaires trop impatients sont reconduits dans la salle d'attente, disons un mot de ce qui s'était passé au dehors, depuis une heure ou deux que le rassemblement avait envahi les abords du Manége et que l'Assemblée délibérait avec une fiévreuse anxiété sur la conduite à tenir dans ces graves circonstances.

Retenue au bas de l'escalier qui conduisait à la salle des séances, la foule n'avait pas cessé de s'accroître. Il lui était impossible de reculer, ceux qui arrivaient poussant toujours ceux qui étaient arrêtés. Par bonheur, il y avait, non loin de la cour des Feuillants, un assez vaste jardin dépendant d'un ancien couvent de capucins; il servit un instant de déversoir; mais, dès qu'il fut rempli, ceux qui s'y étaient retirés, s'y trouvèrent bloqués; c'étaient principalement les gardes nationaux et les sans-culottes qui avaient amené le peuplier destiné à orner la terrasse des Feuillants. Ne sachant que faire en attendant le défilé, ils plantèrent l'arbre de la liberté et fêtèrent le Serment du Jeu de Paume dans le potager des capucins [1].

[1]. Rœderer, *Chronique des cinquante jours.*

Cependant le danger d'être étouffé devenait de plus en plus imminent pour les premiers pétitionnaires, qui sentaient monter derrière eux la marée populaire. Placés à la tête du rassemblement, au pied de l'escalier qui conduisait à la salle des séances, Santerre, Saint-Huruge, Alexandre et les autres chefs ne pouvaient rien empêcher, rien diriger. Pendant ce temps, des masses d'hommes, de femmes, d'enfants, armés et sans armes, se pressaient dans l'étroite cour du Manége, contre le mur par lequel elle était séparée de la terrasse des Feuillants. Une porte avait été pratiquée dans ce mur pour le service de l'Assemblée; mais elle avait été fermée dès le matin et se trouvait gardée par un détachement de la garde nationale, qu'avait fait avancer le chef de la quatrième légion, Mandat. La foule réclame à grands cris l'ouverture de cette porte. Trois officiers municipaux (Boucher-René, Boucher Saint-Sauveur et Mouchet), qui se trouvaient alors sur la terrasse des Feuillants, accourent et annoncent, par le guichet, aux masses accumulées que, quoiqu'ils n'aient aucune puissance à l'intérieur du Château, ils vont rechercher qui a donné la consigne et tâcher de la faire lever. Ils s'adressent d'abord au commandant du détachement placé sur la terrasse; celui-ci les renvoie au commandant général, lequel doit être auprès du roi. Ils avaient fait quelques pas vers les Tuileries, lorsque, entendant redoubler les hurlements de la populace, ils se retournent et voient que des canons ont été approchés de la porte, et dirigés contre les citoyens qui la menacent. Sur leurs instances, les canons sont reculés de quelques pas, et Mouchet adjure la foule de prendre patience jusqu'à ce que lui et ses collègues aient obtenu l'ouverture de la porte qui la sépare de la terrasse et par conséquent du jardin.

Les trois municipaux, arrivés dans le Château, se mettent à la recherche du commandant général, qu'ils ne trouvent nulle part, et parviennent jusqu'à la chambre à coucher du roi. Louis XVI les reçoit à l'instant même et leur demande quelle est la situation de Paris. Mouchet dépeint les efforts inutilement faits pour arrêter les rassemblements des faubourgs, expose combien il serait dangereux d'irriter la foule en braquant des canons sur elle, et conclut à ce qu'il plaise à Sa Majesté de donner les ordres nécessaires pour que le jardin des Tuileries, ouvert le matin et tout à coup fermé, soit, comme à l'ordinaire, livré au public, « car, ajoute-t-il, des citoyens qui marchent *légalement* ne peuvent qu'être offensés de se voir soupçonnés de mauvaises intentions. »

« Votre devoir, dit le roi, est de faire exécuter la loi. »

Mais, au lieu de se retirer sur cette réponse, les trois officiers municipaux insistent :

« Si l'ordre que nous sollicitons d'ouvrir la porte, dit Mouchet, n'est pas donné, il est à craindre qu'elle ne soit forcée.

— Si vous le jugez nécessaire, répond le roi, faites

ouvrir la porte des Feuillants, et qu'ils défilent le long de la terrasse pour ressortir par la cour des Écuries. D'ailleurs, concertez-vous avec le commandant général de la garde nationale, et faites en sorte que la tranquillité publique ne soit pas troublée. Votre devoir est d'y veiller. »

Sans plus s'inquiéter de trouver l'introuvable commandant général, les trois municipaux courent porter l'ordre royal au détachement qui arrête le peuple à la porte de la terrasse. Mais l'ordre était déjà inutile : la porte venait d'être forcée[1]. Avait-elle été enfoncée avec une poutre[2], ou simplement avait-elle cédé à la pression de la foule? C'est ce qui ne saurait être affirmé avec certitude. Quoi qu'il en soit, le fait qu'une première violence fut commise bien avant la sortie des pétitionnaires de l'Assemblée, fait nié ou passé sous silence par les historiens qui tiennent à faire considérer la journée du 20 juin comme une véritable idylle en action, ce fait est incontestable.

1. Procès-verbal Boucher Saint-Sauveur et Mouchet.
2. Comme on le dit à J.-J. Leroux qui errait dans les environs. (Voir sa déclaration.)

XIX.

La majeure partie de la foule, celle qui avait accompagné l'émeute par pure curiosité, désœuvrement ou même entraînement, se répandit dans le jardin, heureuse de pouvoir se reposer de ses fatigues. Elle ne paraissait plus songer à entrer de gré ou de force soit chez les représentants du peuple, soit chez le roi, et rien n'eût été plus facile que d'empêcher le rassemblement, déjà presque dispersé, de se former de nouveau. Mais cela ne faisait pas le compte des meneurs, et il fallait que la journée fût complète. Aussi lorsque, comme nous allons le voir, la tête de la colonne, restée dans la cour des Feuillants, reçut la permission de défiler devant l'Assemblée, on fit battre le rappel par les tambours appartenant au bataillon des Quinze-Vingts; toute la foule disséminée dans le jardin des Tuileries s'empressa de se rallier, et le deuxième acte de ce drame, qui pouvait se changer à tous moments en une effroyable tragédie, commença.

L'Assemblée nationale ne savait rien de ce qui se passait au dehors. Elle se croyait toujours sous la pression de dix à quinze mille hommes armés. La brusque apparition des pétitionnaires avait répandu l'effroi parmi un certain nombre de ses membres. Le président s'efforce de l'excuser en disant qu'elle a été la suite d'une erreur bien concevable au milieu d'une si grande agitation. « La députation ne s'est point présentée d'elle-même, ajoute Lacroix ; elle a été appelée par quelque huissier étourdi ; cela est si vrai que l'on a pu voir les citoyens se retirer aussitôt l'erreur reconnue ; l'Assemblée doit donc décider tranquillement si les pétitionnaires seront admis et ensuite si le cortége qui les accompagne sera autorisé à défiler. »

L'Assemblée décrète que la députation sera reçue; les citoyens précédemment éconduits sont ramenés; ils paraissent à la barre, et leur orateur, Huguenin, commence à lire la longue et furibonde harangue qui avait été préparée dans l'officine du faubourg Saint-Antoine. Au milieu d'un océan de phrases ampoulées et de réminiscences classiques, où le nom de Catilina reparaît à chaque instant, surnagent quelques phrases comme celle-ci :

« Pourquoi faut-il que des hommes libres se voient réduits à la cruelle nécessité de tremper leurs mains dans le sang des conspirateurs? Il n'est plus temps de le dissimuler ; la trame est découverte, l'heure est arrivée, le sang coulera, et l'arbre de la liberté, que nous venons de planter, fleurira en paix. Un roi doit-il avoir d'autre volonté que celle de la loi? Le peuple veut aussi, et sa tête vaut bien autant que celle des despotes couronnés. Cette tête est l'arbre généalogique de la nation, et devant le chêne robuste le faible roseau doit plier...

« Nous nous plaignons essentiellement de l'inaction de nos armées, nous demandons que vous en pénétriez la cause ; si elle dérive du pouvoir exécutif, qu'il soit anéanti ! Le sang des patriotes ne doit point couler pour satisfaire l'orgueil et l'ambition du château perfide des Tuileries...

« Un seul homme ne doit point influencer la volonté de vingt-cinq millions d'hommes. Si, par égard, nous le maintenons dans son poste, c'est à condition qu'il le remplira constitutionnellement ; s'il s'en écarte, il n'est plus rien pour le peuple français...

« Nous vous avons ouvert nos cœurs ulcérés depuis longtemps ; nous espérons que le dernier cri que nous vous adressons se fera sentir aux vôtres. Le peuple est là ; il attend dans le silence une réponse digne de sa souveraineté.

« Cette pétition n'est pas seulement du faubourg Saint-Antoine, mais de toutes les sections de la capitale et des environs de Paris.

« Les pétitionnaires de cette adresse demandent à avoir l'honneur de défiler devant vous[1]. »

1. *Moniteur* et *Journal des Débats et Décrets*.

XX.

Cette pétition, véritable déclaration de guerre à la royauté, avait été fréquemment interrompue par les applaudissements du côté gauche et des tribunes; mais elle avait naturellement excité l'indignation de tous les hommes d'ordre, qui n'avaient pu entendre sans frémir les sinistres prophéties des soi-disant délégués du faubourg Saint-Antoine. Dubayet réclame la parole aussitôt après que l'orateur des pétitionnaires a prononcé sa dernière phrase, lancé sa dernière menace. « Mais, s'écrie-t-on, le président va répondre; vous ne pouvez parler qu'après le président. — Je demande la parole avant, » réplique le hardi député. L'Assemblée la lui refuse, et Français (de Nantes) répond à la députation ces quelques phrases vagues et banales que l'on applaudit de part et d'autre, parce qu'elles n'ont pas de signification bien marquée :

« Citoyens, l'Assemblée nationale et le peuple ne font qu'un; nous voulons votre intérêt, votre bonheur, votre liberté, mais nous voulons aussi la constitution. S'il existe des conspirations, nous les déjouerons par la force de la loi. Nous vous invitons, au nom de la patrie, à l'obéissance de la loi, qui est le signe le plus respecté par tous les peuples dignes de la liberté; nous vous invitons...

« Point d'invitation ! » crient plusieurs députés.

« L'Assemblée nationale, reprend le président, verra toujours avec plaisir autour d'elle les citoyens de Paris, puisqu'elle est assurée de leurs sentiments patriotiques et qu'elle sait qu'il n'y a jamais que les dangers de la patrie qui puissent exciter leurs inquiétudes. Elle prendra en considération la pétition que vous venez de lui faire, et elle vous invite à sa séance. »

Dubayet réclame de nouveau la parole contre la pétition, mais elle lui est refusée. Mathieu Dumas parvient, malgré le tumulte, à faire entendre cette énergique protestation : « Pour l'acquit du serment du législateur et pour l'honneur de l'Assemblée nationale, je demande que la question préalable sur l'admission des citoyens soit mise aux voix. »

Pendant que les pétitionnaires traversent la salle, au milieu des applaudissements des tribunes et de la gauche, le président met aux voix la question préalable. Elle est repoussée par la majorité, et l'Assemblée décrète que les citoyens des faubourgs Saint-Antoine et Saint-Marcel seront admis à défiler devant elle : « Eh bien ! je demande alors la question préalable, s'écrie Girardin, *sur toutes les lois du royaume !* » Girardin avait bien raison. Jamais la violation des lois, le mépris et la haine de la royauté n'avaient encore été si ouvertement proclamés. L'Assemblée, en admettant dans son sein ces insolents pétitionnaires et leur escorte, ne donnait-elle pas à ces violences de langage, qui devaient bientôt se traduire en des violences de fait, une espèce de consécration légale? Dès lors les meneurs démagogiques surent à quoi s'en tenir sur la force de résistance que la majorité opposerait à l'accomplissement de leurs projets; ils comprirent parfaitement, par ce premier succès, que la majorité était prête à reconnaître l'autorité du fait accompli, quel qu'il fût, pourvu qu'on ne lui demandât de se prononcer qu'après l'événement.

Mais, pendant que le rappel est battu dans la cour du Manége et aux abords de l'Assemblée pour réunir l'armée de l'émeute, dispersée dans le jardin des Tuileries, d'autres députations, qui attendaient l'honneur d'être admises, se présentent à la barre. Leur langage fait une singulière diversion aux menaces qui viennent d'être écoutées si patiemment. Elles n'injurient pas le pouvoir exécutif, elles n'importunent point l'Assemblée nationale de déclamations furibondes; elles se contentent de jurer « l'amour de la patrie et des lois. » — « Ce que nous n'oublierons jamais, disent les délégués des deux premiers bataillons de la Gironde, c'est que les lois doivent toujours être présentes à notre mémoire et chères à nos cœurs; c'est que la force armée est essentiellement obéissante. Nous n'oublierons jamais que, dans un pays libre, tout citoyen, depuis le soldat jusqu'au général, doit marcher droit à l'ennemi sans retourner la tête en arrière. »

« L'Assemblée a entendu avec plaisir l'expression de vos sentiments, répond le président. Elle y a surtout remarqué cette maxime : « La force armée « est essentiellement obéissante. » Elle vous témoigne la satisfaction qu'elle a éprouvée en entendant ces saintes paroles. »

Évidemment, cette réponse était à l'adresse des précédents pétitionnaires; mais quelle honte pour la représentation nationale d'en être réduite à envelopper la réprobation de la violence dans un timide éloge donné à la modération !

XXI.

Silence ! le bruit des tambours et de la musique annonce l'arrivée de l'émeute triomphante ! la voilà qui envahit le sanctuaire de la loi !

A la tête du cortége marchent triomphalement Santerre et Saint-Huruge. L'ex-marquis et le brasseur, une fois entrés, se placent au pied de la tribune pour diriger le défilé.

Derrière eux se presse une foule immense d'hommes, de femmes, et même d'enfants que leurs mères traînent par la main. Les uns sont sans armes, d'autres brandissent des sabres, des piques, des haches, des faux, des besaiguës, des tranchets, des couteaux, des pointes de fer, jusqu'à des scies emmanchées au bout de longs bâtons. Quelques pelotons de garde nationale apparaissent de loin en loin, au milieu de cette multitude confuse, et ont l'air de sanctionner par leur présence cette étrange saturnale.

La foule accompagne de la voix les musiciens qui jouent l'air du *Ça ira*; on entend sans cesse retentir ces cris : « Vivent les patriotes ! A bas le *veto !* » On voit défiler les emblèmes les plus étranges et parfois les plus menaçants. Deux hommes portent au bout de leurs piques, l'un une vieille culotte, avec cette inscription : « Vivent les sans-culottes ! » c'était l'étendard de la misère parisienne; l'autre un cœur de veau, tout sanglant, avec cette devise : « Cœur d'aristocrate ! » c'était la déclaration brutalement claire des vœux d'un certain nombre d'émeutiers. Mais divers membres de l'Assemblée engagent, dit le *Moniteur*, l'individu qui porte ce dernier trophée à sortir de la salle. On avait, on le voit, de singuliers ménagements pour un misérable qu'on aurait dû chasser avec ignominie.

Le défilé dure plus d'une heure. Des danses patriotiques viennent, par instants, varier le spectacle offert par la populace parisienne aux députés de la France; des orateurs improvisés veulent donner des échantillons de leur éloquence; mais Santerre, le chef de la manifestation, qui sait bien que la visite à l'Assemblée ne doit être que le prélude d'une autre visite, se hâte de mettre fin à ces incidents, en prononçant, d'une voix retentissante : « En avant, marche ! »

Le défilé terminé, le général des émeutiers remercie les représentants du peuple des marques d'amitié qu'ils ont données aux citoyens du faubourg Saint-Antoine, et les prie d'accepter un drapeau en témoignage de leur reconnaissance. Puis il court avec son inséparable acolyte, l'ex-marquis de Saint-Huruge, rejoindre ses hommes sur la place du Carrousel.

L'Assemblée, croyant tout fini, lève sa séance. Il était alors trois heures et demie.

XXII.

Entré par la porte des Feuillants, le cortége sortait par la cour du Manége; de cette cour longue et étroite, il pouvait regagner la rue Saint-Honoré; il pouvait aussi, nul obstacle ne lui étant opposé, franchir la porte qui, au bout de cette cour, communiquait avec le jardin des Tuileries, longer la façade du Château, sortir par le grille du Pont-Royal et remonter par les quais. Ce fut ce dernier itinéraire qu'il suivit.

Qui le lui avait indiqué? Probablement l'infatigable Mouchet, que nous retrouvons encore ici, revêtu de son écharpe, haranguant ses amis les faubouriens, donnant des ordres à la garde nationale, dirigeant la marche de la manifestation, se multipliant pour se donner une ridicule importance [1].

Des bataillons de gardes nationaux étaient rangés le long de la façade des Tuileries; le cortége défilait devant eux. En passant sous les fenêtres royales, il faisait entendre ses cris ordinaires : « Vive la nation! Vivent les sans-culottes! A bas M. et Mme Veto! » Quant aux gardes nationaux, suivant l'esprit qui régnait dans les divers bataillons, ils donnaient à la

---

1. L'officier municipal Mouchet est un type qui mérite de nous arrêter un instant. Il joua dans toute la journée du 20 juin le rôle le plus actif; il y fut la véritable mouche du coche. Au 10 août, on le voit encore jouer, à l'Hôtel de Ville, un certain rôle, puis il disparaît de la scène politique. Il mourut en 1815, à Gray, sa patrie, dans la plus complète obscurité. C'était un petit homme, jeune encore (31 ans), qui était architecte-entrepreneur et capitaine des grenadiers du bataillon de l'Oratoire. (Voir l'*Almanach royal* de 1792.)

« Mouchet, dit Rœderer, représentait exactement l'esprit et le caractère de la grande masse des bourgeois de Paris, qui redoutaient les fureurs populaires et encore plus les trahisons royales, et auraient voulu mesurer assez juste les soulèvements des prolétaires pour obliger la cour à plus de droiture et de fidélité. » (*Chronique des cinquante jours*.)

manifestation leur adhésion ou leur blâme ; les uns avaient ôté leurs baïonnettes, d'autres s'y étaient refusés, quelques-uns avaient été jusqu'à rendre les honneurs militaires à cette foule désordonnée.

En ce moment, tout paraissait assez calme au dedans comme au dehors du Château ; en voyant le cortége se diriger vers les quais, sans chercher à pénétrer dans les Tuileries, on sentait se dissiper les craintes que l'on avait conçues. Le roi, sa famille et tout leur entourage étaient complétement rassurés. Il en était de même des personnes qui, du jardin et des abords de l'Assemblée, observaient la marche du assemblement.

Mais soudain la foule, au lieu de suivre le quai, se présenta devant le guichet du Carrousel, gardé par les détachements des bataillons du petit Saint-Antoine et des Petits-Pères. Dès le premier moment du défilé à travers l'Assemblée nationale, le commandant du bataillon du Val-de-Grâce, Saint-Prix, avait envoyé ses deux canons et ses artilleurs sur la place du Carrousel, et, comme cette place ne faisait point partie de la demeure royale, ils y avaient été admis sans opposition. Ce fut peut-être à cause de leur introduction que le cortége, en sortant du jardin, trouva aux guichets cette étrange consigne : « Laisser entrer toutes les personnes armées, de quelque manière qu'elles le soient, et ne pas admettre celles qui n'auraient pas d'armes. » Mais les hommes sans armes suivirent le flot des sans-culottes armés et pénétrèrent avec eux dans le Carrousel, malgré la résistance des gardes nationaux.

Rien n'eût été plus facile cependant que d'empêcher la foule d'entrer au Carrousel, et de là dans le Château. Le commandant général avait en ce moment des forces considérables : dix bataillons dans le jardin, deux autres sur la terrasse du bord de l'eau, quatre à la place Louis XV, cinq sur la place du Carrousel, et enfin, à l'intérieur des Tuileries, un bataillon, les deux gardes, montante et descendante, et cent gendarmes à cheval. Avec autant de troupes, et en les disposant convenablement, on pouvait sans peine garder toutes les avenues de la demeure royale et tenir fermées toutes les cours et toutes les portes. Mais Ramainvilliers resta, durant tout l'événement, dans l'inaction la plus complète, donnant pour motif que le maire ayant permis, et le roi n'ayant pas refusé l'admission de vingt pétitionnaires, il n'avait pas pu prendre sur lui de proclamer la loi martiale contre leur escorte. De plus, prétendit-il plus tard, une dizaine d'officiers municipaux, avec ou sans écharpe, se trouvaient dans le Château et donnaient des ordres avec ou sans l'agrément du roi; il ne lui appartenait pas d'élever avec eux un conflit d'attributions.

Quoi qu'il en fût, même après avoir forcé et la grille du jardin et les guichets du Louvre, la masse populaire semblait ne pas avoir conçu le dessein de violer le domicile du roi. Déjà, à travers la place du

Carrousel, elle atteignait la rue Saint-Nicaise, comme
si elle devait s'y engager et regagner ses quartiers
en remontant la rue Saint-Honoré. Le colonel
Rulhière, qui était posté avec deux escadrons de la
29e division de gendarmerie devant les Tuileries,
faisant face à l'hôtel de Longueville, croyait si bien
tout danger passé, qu'il descendit de cheval, permit
à une partie de ses hommes d'en faire autant, et s'en
alla avec un ami causer dans la cour royale, située à
l'intérieur du Château[1].

Mais voici que tout à coup le cortége s'arrête. La
place du Carrousel, en 1792, était assez petite et
fort encombrée de constructions. Elle ne tarde donc
pas à se remplir, puisque personne n'en sort, et que
toute la foule qui vient de défiler devant l'Assemblée
y pénètre par les guichets du Carrousel et peu à peu
s'y entasse.

Bientôt, sous la pression des agitateurs, la masse
populaire s'anime et pousse des cris confus qui ne
tardent pas à se traduire par des ordres impérieux,
par des sommations furibondes.

Un groupe d'une quarantaine de sans-culottes se
présente à la porte de la cour Royale : « Nous voulons
entrer, disent-ils, et nous entrerons; nous ne voulons
point de mal au roi, et on ne saurait nous empêcher
de pénétrer jusqu'à lui. » Fidèles à leur consigne,

---

1. Rapports Ramainvilliers, Rulhière, Saint-Prix, Rœderer, etc.

les deux gendarmes placés en vedette croisent la baïonnette sans répondre. Les émeutiers se retirent, non sans menacer les soldats, qui d'un couperet, qui d'un fusil ou d'une pique[1]. Mais, peu après, les mêmes, ou d'autres à leur place, reviennent, demandant toujours à entrer. En raison de cette insistance, la porte qui était restée ouverte est fermée, ainsi que le guichet.

L'anxiété est grande parmi les gardes nationaux et les gendarmes chargés de défendre le Château. « Nous périrons plutôt que de les laisser entrer, disent les uns. — Mais nous n'avons pas d'ordres, disent les autres, ni d'officiers pour nous commander[2]. » Plusieurs crient *aux armes!* et se rangent en colonne, à côté de la porte[3]. « Et nous, demande un capitaine de gendarmerie au colonel Rulhière, qu'avons-nous à faire? — Je n'ai point d'ordres, réplique celui-ci, mais je crois que la troupe est là pour soutenir la garde nationale. » Un lieutenant-colonel de gendarmerie, Carle, apercevant Ramainvilliers, l'interroge sur ce qu'il devra faire des deux cents hommes qu'il commande. « Il faut ôter les baïonnettes! — Pourquoi, répond Carle, ne m'ordonne-t-on pas tout de suite de rendre mon épée et d'ôter ma culotte? » A

---

1. Rapports de l'adjudant Marotte et des gendarmes Moiteaux et Foret.

2. Déclaration Guingerlot, lieutenant-colonel de la 30ᵉ division de gendarmerie.

3. Déclaration Guibout.

ette réponse, le commandant général tourne le dos
t disparaît rapidement[1].

XXIII.

Cependant la populace s'entassait aux abords de la
orte Royale, frappait, hurlait : « Nous entrerons
uand même! » Et Mouchet, l'officier municipal que
on retrouve toujours juste à la porte par où la foule
a entrer, disait très-gravement aux soldats et gardes
ationaux : « Après tout, le droit de pétition est
acré. »

Le chef de la deuxième légion, Acloque, invite les
fficiers municipaux présents à aller demander aux
itoyens qui remplissent la place du Carrousel, de
éléguer une vingtaine de personnes sans armes, s'ils
nt à présenter une adresse au roi : ces vingt délé-
ués, il promet de les conduire lui-même devant Sa
Iajesté, et déclare d'avance être sûr qu'ils seront
ien reçus par Elle. En conséquence on ouvre le gui-
het. Les municipaux haranguent la foule : « Vous ne
evez pas pénétrer en armes chez le roi, la cour du

---

[1]. Rapports du capitaine Lassus, du lieutenant-colonel
arle.

Château fait partie de son habitation... Le roi recevra votre pétition, mais dans les formes prescrites par la loi. Où sont vos vingt députés sans armes ? qu'ils approchent et qu'ils entrent seuls! » Une trentaine d'individus se présentent; sans les compter, les officiers municipaux les introduisent comme s'ils étaient la députation demandée; et le guichet est aussitôt refermé par la gendarmerie [1].

Depuis le commencement du défilé, les canonniers des quatre bataillons du faubourg Saint-Antoine et du faubourg Saint-Marcel étaient venus se ranger avec leurs pièces au fond du Carrousel devant l'hôtel de Longueville. Saint-Prix, au sortir de l'Assemblée, où le bataillon du Val-de-Grâce l'avait entraîné de force, veut rallier ses hommes et leur fait faire halte sur le quai. Il expédie à ses artilleurs l'ordre de quitter le Carrousel et de lui ramener ses pièces, mais les canonniers refusent d'obéir. Le commandant en second, Leclerc, accourt et réitère la même injonction : nouveau refus. Bien plus, le bataillon lui-même, chargeant ses armes malgré les ordres contraires, entraîne son chef sur la place du Carrousel et prend position auprès des canons. Saint-Prix essaye encore d'apaiser sa troupe en pleine rébellion; il ordonne au lieutenant des canonniers de porter les pièces en avant et de marcher dans la direction des Gobelins. « Non! s'écrie l'officier, nous ne partirons point;

---

[1]. Rapports Acloque, Boucher-René, Lassus.

nous ne sommes pas venus ici pour rien ; le Carrousel est forcé, il faut que le Château le soit. Voilà la première fois que les canonniers du Val-de-Grâce marchent ; ce ne sont point des j... f... ; et nous allons voir !... Allons ! à moi, canonniers... *droit à l'ennemi*[1] *!* » Et canonniers, gardes nationaux, populace, tout s'ébranle dans la direction des Tuileries.

A l'instant même où les masses vont commencer le siége de la porte Royale, contre laquelle les canons des faubourgs sont braqués, on entend un cri qui part de l'intérieur de la cour : « Ne tirez pas, on ouvre ! » Aussitôt, en effet, les deux battants de la porte roulent sur leurs gonds et livrent passage à la foule qui se précipite avec furie dans la cour Royale[2]. Mais un dernier obstacle peut arrêter le torrent, une grille se trouve à l'extrémité de la cour, sous la voûte qui conduit au grand escalier ; les chefs de légion Acloque, Mandat, Pinon, le commandant de bataillon Vanotte s'efforcent de fermer cette grille ; ils appellent

1. Rapport Saint-Prix.
2. Qui avait donné l'ordre d'ouvrir ? Personne, après l'événement, ne voulut en assumer sur lui la responsabilité. Qui avait ouvert ? Il est certain que ce furent des gardes nationaux, se trouvant dans l'intérieur de la cour, qui levèrent les bascules des deux battants de la porte ; mais quels étaient-ils ? le firent-ils de leur chef ou sur un ordre verbal ? C'est ce que personne ne put dire. L'intendant de la liste civile, Laporte, qui interrogea tous les concierges du Château, fait remarquer dans son rapport qu'il n'y eut de forcée que la porte Royale ; celle de la cour des Suisses et de la cour des Princes restèrent fermées jusqu'au soir et ne servirent qu'à l'écoulement de la foule

à leur aide les canonniers et les chasseurs qui font partie de la garde montante, arrivée depuis quelques heures et répandue dans la cour; mais ceux-ci refusent d'écouter la voix de leurs chefs.

« Êtes-vous sûrs, s'écrie Pinon, qu'il ne se mêlera point, parmi ceux qui se présentent, des hommes capables d'attenter à la vie du roi? — Il vaut mieux, lui répond-on, qu'un seul homme soit tué que nous. — Vous voulez donc nous faire égorger? » crient les canonniers en empêchant leurs officiers d'opposer ce dernier obstacle à la foule.

L'irruption est si violente qu'un des canons du bataillon du Val-de-Grâce est transporté à bras jusque dans la troisième pièce du Château, dans la salle des Suisses; mais là il s'embarrasse dans la porte et empêche ceux qui suivent de pénétrer plus avant. Cet incident ne fait qu'enflammer la fureur du peuple, parmi lequel le bruit se répand qu'on a trouvé une bouche à feu prête à le mitrailler. Tout s'explique bientôt, grâce aux municipaux Boucher-René et Mouchet, qui adressent des reproches aux canonniers sur leur excès de zèle, font dégager la porte à coups de hache et descendre le canon au pied de l'escalier. Il y resta jusqu'au moment de l'évacuation du palais [1].

Traitant les Tuileries comme une ville emportée d'assaut, renversant tout ce qui s'oppose à son pas-

---

1. Rapport Saint-Prix. — Rapport Mouchet.

sage, la tourbe envahissante pénètre jusqu'à la salle de l'OEil-de-Bœuf, dont les portes sont fermées et dont elle réclame l'entrée à grands cris.

XXIV.

Dans cette salle se trouvaient le roi, trois de ses ministres, Beaulieu, Lajard et Terrier, le maréchal de Mouchy, deux officiers de gendarmerie, un ou deux chevaliers de Saint-Louis, le chef de légion Lachesnaye, et enfin plusieurs simples volontaires de la garde nationale, Fontaine, Gossé, Bidault, Lecrosnier, Guibout.

Madame Élisabeth, qui n'a point quitté son frère, écoute en frémissant les bruits terribles par lesquels s'annonce l'invasion populaire, et, tout en larmes, adjure les gardes nationaux de défendre le roi.

En ce moment on frappe à une autre porte que celle derrière laquelle hurle la populace. Est-ce encore l'*ennemi*? Non, c'est Acloque et l'adjudant Boivin qui, par les escaliers intérieurs, accourent, avec un renfort de gardes nationaux, protéger le roi ou mourir avec lui. Ils se nomment; on leur ouvre. Acloque se précipite vers le monarque, le saisit à bras-le-corps et, le suppliant de se montrer au peuple, lui jure de périr plutôt que de lui voir subir la **moindre** insulte.

La porte, qui seule sépare Louis XVI des envahisseurs, est de plus en plus violemment ébranlée par des coups de hache et de crosses de fusil. Un des panneaux tombe. Des piques, des bâtons, des baïonnettes menacent les poitrines des braves grenadiers qui se sont précipités devant le souverain. — « Sire, s'écrie l'un d'eux, n'ayez pas peur ! — Non, réplique le monarque, héroïque en ce moment, non, je n'ai pas peur ; mettez la main sur mon cœur, il est pur. » Et, saisissant la main du garde national il l'appuie avec force contre sa poitrine. Puis, décidé à suivre le conseil que lui a donné Acloque, il commande de laisser entrer le peuple. Le chasseur Fontaine tire le verrou d'en bas, un Suisse celui d'en haut, et, aussitôt la porte ouverte, vingt ou trente individus entrent en courant. « Citoyens, leur crie Acloque, reconnaissez votre roi, respectez-le, la loi vous l'ordonne ; je périrai, nous périrons tous, plutôt que de laisser porter la moindre atteinte à son inviolabilité [1]. »

A ces mots prononcés d'une voix ferme, l'invasion populaire s'arrête durant quelques secondes ; on profite de cet instant de répit pour conduire le roi dans l'embrasure d'une croisée, sur la banquette de la-

---

1. Déclarations Fontaine et Lachesnaye. — Rapport Acloque.

quelle il monte[1]. La foule avance et bientôt remplit la grande salle de l'OEil-de-Bœuf, qui lui a été presque tout entière abandonnée : « Que voulez-vous, dit Louis XVI, avec un calme admirable? Je suis votre roi. Je ne me suis jamais écarté de la constitution. »

Mais sa voix se perd au milieu des hurlements. De toutes parts éclatent les cris de : « *A bas monsieur Veto! au diable le Veto!* » proférés avec d'injurieuses menaces par des individus armés de fusils et de pistolets[2]. A chaque instant, de l'immense cohue s'élèvent de brutales injonctions : « Le rappel des ministres patriotes, il faut qu'il le signe! nous ne sortirons point qu'il ne l'ait fait! »

La grande salle présente le spectacle d'un océan

---

1. Acloque, dans son rapport, dit qu'il ne fut pas possible de déterminer Mme Élisabeth à quitter son frère et qu'elle se plaça dans l'embrasure d'une autre croisée. Ce fut sans doute à ce moment que cette angélique princesse dit à un serviteur fidèle, en entendant quelques individus qui la prenaient pour la reine, contre laquelle toutes les haines avaient été ameutées depuis si longtemps : « Ah! ne les détrompez pas! » (*Mémoires de Madame Campan.*)

2. Déclaration Bidault. — Les gardes nationaux écartèrent à plusieurs reprises de la personne du roi un individu qui, des premiers entrés, était armé d'une lame d'épée rouillée et s'était mis en posture de *foncer* sur Louis XVI; d'autres misérables, tenant en main des pistolets, des sabres, trahissaient, par la violence de leurs propos, des intentions perverses. Parmi eux se trouvait un certain Soudin, bien connu pour avoir, en 1789, promené dans Paris les têtes de Foulon et de Berthier à la pointe d'une pique. (Déclarations Lecrosnier et Guibout.)

de têtes, de bras, de piques, de sabres, qui semble agité par un flux et un reflux perpétuel et au-dessus duquel surnagent les horribles trophées déjà promenés à travers l'Assemblée nationale [1].

Plusieurs historiens, pour contredire les allégations peut-être exagérées des ultra-royalistes, de Peltier et autres, se sont laissé entraîner eux-mêmes à d'étranges appréciations en sens contraire. En dépit des faits dont sont remplis les procès-verbaux authentiques, ces écrivains ne craignent pas de déclarer que « jamais dispositions plus inoffensives ne se produisirent au sein d'un plus bizarre désordre [2]; » que si quelques individus, par exception, eurent l'air d'en vouloir aux jours du roi, cela seul qu'ils ne le tuèrent pas prouve que personne n'en eut la pensée. « La chose eût été bien facile, dit M. Michelet [3] : le roi avait peu de monde autour de lui, et plusieurs des assaillants, ayant des pistolets, pouvaient l'atteindre à distance. »

Que les masses, entraînées par quelques meneurs dans l'inviolable domicile de Louis XVI, y fussent entrées sans intentions perverses; que nombre de ces femmes, de ces enfants, de ces désœuvrés qui n'étaient venus que par curiosité, ne se doutassent

---

1. On revit même, dans la salle de l'Œil-de-Bœuf, le cœur de veau planté sur une fourche avec l'inscription : « Cœur d'aristocrate. » (Déclaration Guibout.)
2. Louis Blanc, t. VI, p. 434.
3. *Histoire de la Révolution*, t. III, p. 485.

pas qu'ils commettaient un attentat national en outrageant le monarque chez lui : oui, cela nous semble incontestable. Mais ce qui ne l'est pas moins, c'est que certains misérables qui se trouvaient dans la foule n'auraient pas demandé mieux que de devancer l'œuvre à jamais détestable qui s'accomplit le 21 janvier; c'est que le régicide fut rendu impossible uniquement par le courage du roi et de ceux qui l'entouraient. Les assassins ont les mêmes instincts que certaines bêtes féroces; ils n'osent attaquer qui les regarde en face et ne se ruent que sur ceux qui s'abandonnent eux-mêmes.

XXV.

La grande salle de l'Œil-de-Bœuf est depuis près d'une heure le théâtre d'un tumulte inexprimable. Personne, ni les officiers supérieurs qui entourent le roi, ni l'officier municipal Mouchet, accouru, dit-il dans son rapport, « pour maintenir la décence, » personne n'est parvenu à se faire écouter; seul, le boucher Legendre obtient un moment de silence lorsqu'il apostrophe ainsi le roi : « Monsieur!... » Et comme Louis XVI, stupéfait de la manière inusitée dont il est interpellé, fait un geste : « Oui, monsieur, reprend Legendre, écoutez-nous, vous êtes fait pour nous écouter. Vous êtes un perfide; vous nous avez toujours trompés; vous nous trompez encore, mais prenez garde à vous; la mesure est à son comble et le peuple est las d'être votre jouet! » Puis le tribun subalterne se met à lire une espèce de pétition bourrée d'accusations, de mensonges, de menaces, écrite et débitée naturellement au nom du peuple. Le monarque, avec un calme admirable, répond : « Je ferai ce que la constitution et les décrets m'ordonnent de faire. » Cette déclaration ferme et digne excite de nouveaux hurlements : « A bas le roi! le rappel des ministres, la loi contre les prêtres, la loi pour le camp des vingt mille! au diable *le Veto!* » Mouchet, l'infatigable et inévitable Mouchet, veut parler; il est parvenu jusqu'à l'embrasure de la fenêtre où se trouve Louis XVI. Hissé sur les épaules de deux citoyens, il invoque son titre d'officier municipal, mais son écharpe est aussi peu respectée que son éloquence.

Un homme portait un bonnet rouge au bout d'une perche, il l'abaisse dans la direction du roi comme pour le lui présenter; Louis XVI fait un signe que Mouchet croit comprendre; celui-ci saisit le bonnet et le passe au malheureux monarque qui s'en coiffe aussitôt. A cet étrange spectacle, la foule éclate en applaudissements; elle crie : « Vive la nation! vive la liberté! » et même : « Vive le roi! » Mais cette dernière acclamation ne sortit pas de toutes les bouches, comme l'affirme Mouchet dans son rapport. Il est vrai que l'officier municipal Patris a prétendu plus tard que, dans le cas où le roi n'aurait pas avancé la main pour saisir le bonnet rouge, on n'aurait point exigé de lui qu'il le mît sur sa tête. Mais ceci n'est rien moins que certain : car, s'il faut en croire un autre témoin, le brave grenadier Bidault, placé à côté de Sa Majesté durant la scène, on entendait sortir de la foule des paroles qui indiquaient assez jusqu'où la violence aurait pu être poussée : « Il a bien fait, ...! de le mettre, car nous aurions vu ce qu'il en serait arrivé...; et, f....! s'il ne sanctionne pas les décrets sur les prêtres réfractaires et sur le camp des vingt mille hommes, nous reviendrons tous les jours, et c'est par là que nous le lasserons et que nous saurons nous faire craindre[1]. »

Une femme attire les regards du roi en agitant une épée entourée de fleurs et surmontée d'une cocarde. Mouchet fait signe à la femme, et l'épée fleurie passe entre les mains du monarque qui la brandit aux cris enthousiastes, poussés par la foule, de : « Vive la nation ! » Louis XVI lui-même répète ce cri ; il assure qu'il veut sincèrement le bonheur du peuple et proteste de son attachement inviolable à la constitution. En vain de tous côtés réclame-t-on de nouveau le retrait du veto, le rappel des ministres patriotes ; le monarque reste muet sur ces deux points. Si vraiment

1. Déclarations Bidault, Mouchet, Patris.

on voulait, comme dit M. Michelet[1], *l'épouvanter, le convertir* par la terreur, on n'y réussit pas ; ferme dans sa dignité d'homme comme dans sa foi de roi, le petit-fils de Henri IV et de Louis XIV, en ne cédant point le 20 juin, s'est acquis à l'admiration de l'histoire un titre qui ne pourra jamais lui être loyalement contesté.

Cependant, le souverain n'accordant pas à la populace ce que les meneurs lui faisaient demander, la situation devenait insoluble ; les cris succédaient aux cris, les menaces aux menaces, la foule à la foule. Mouchet propose au roi de sortir sur la terrasse, afin de parler au peuple et d'être mieux entendu ; un autre municipal, Hu, l'engage à passer dans la pièce voisine ; Louis XVI répond : « Je suis bien ici, je veux rester. » Sans doute il ne se fiait ni à l'un ni à l'autre de ces municipaux trop suspects de jacobinisme.

Malgré l'ouverture de la galerie, la chaleur était excessive. Un garde national, auquel une bouteille de vin et un verre avaient été passés de main en main par ses amis, s'aperçoit que le visage du roi est ruisselant de sueur[2].

« Sire, lui dit-il, vous devez avoir bien soif, car moi je meurs... Si j'osais vous offrir... Ne craignez rien, je suis un honnête homme, et, pour que vous buviez sans crainte, je boirai le premier, si vous le permettez.

---

1. *Histoire de la Révolution,* t. III, p. 485.
2. Rapports Mouchet, Hu, J.-J. Leroux.

— Oui, mon ami, je boirai dans votre verre, » répond Louis XVI, et, aux applaudissements de la foule, il s'écrie : « Peuple de Paris, je bois à ta santé et à celle de la nation française [1] ! »

Au même moment plusieurs députés, qui avaient appris la violation du domicile royal, entraient précipitamment aux Tuileries. Ils n'avaient et ne pouvaient avoir aucune mission officielle, puisque l'Assemblée n'avait pas cru utile d'adopter la proposition que Vergniaud lui avait faite quelques heures auparavant d'envoyer auprès du roi une députation permanente de soixante membres. Se jetant à travers la foule qui encombrait les escaliers et les appartements, ils ont la peine la plus grande à se faire reconnaître, écouter, respecter. Enfin les voici, après mille efforts, parvenus à la porte de la salle de l'Œil-de-Bœuf. Vergniaud, Isnard, deux des membres les plus populaires du côté gauche, s'y frayent un passage. Daverhoult, Blanc-Gilly, deux membres de la droite, les accompagnent. Daverhoult, ami particulier de La Fayette, écarte les émeutiers les plus rapprochés de Louis XVI en s'écriant : « Vous n'approcherez du roi qu'en passant sur mon cadavre [2] ! » Isnard, soulevé par quelques gardes nationaux de manière à dominer la foule, la conjure de se retirer ; mais on

1. Lettre de Blanc-Gilly au département des Bouches-du-Rhône.
2. Récit de Daverhoult à l'Assemblée, *Journal des Débats et Décrets,* n° 269, p. 295.

l'interrompt, on veut auparavant obtenir la levée du veto, le rappel des ministres. « Si ce que vous demandez vous était accordé en ce moment, dit-il, ce ne serait plus un acte de liberté... Retirez-vous donc au nom de la loi et de l'Assemblée nationale, sur laquelle vous pouvez vous reposer du soin de faire tout ce qui sera convenable. » Mais le tumulte redoublant : « Citoyens, répète-t-il, je suis Isnard, député à l'Assemblée nationale ; je vous invite à vous retirer et je vous réponds sur ma tête que vous aurez satisfaction[1]. »

XXVI.

Que faisait l'Assemblée au nom de laquelle Isnard venait ainsi de parler? On se le rappelle, elle avait levé sa séance aussitôt après le défilé populaire; mais en sortant du Manége, bon nombre de députés s'étaient aperçus du trouble qui se produisait autour des Tuileries et étaient successivement rentrés dans la salle des séances. A cinq heures environ, un des anciens présidents, Guyton-Morveau, monte au fauteuil et fait ouvrir les portes des tribunes.

1. Déclaration Fontaine.

Déjà le rapporteur du comité des finances avait entamé la lecture d'un décret, lorsqu'il est brusquement interrompu par Regnault-Beaucaron qui s'écrie :

« J'apprends que les jours du roi sont en danger; je demande que l'Assemblée se transporte en corps auprès de lui pour sauver sa personne. »

« L'objet est pressant, ajoute Hébert (de Seine-et-Marne), il n'y a pas à délibérer. — Ah bah! lui réplique-t-on à gauche. — Le roi ne peut être en danger au milieu du peuple, dit Thuriot. — Mais, répond Beugnot, ce n'est pas le peuple qui est chez le roi, ce sont des brigands. — C'est le peuple, c'est le peuple, » maintiennent les députés ultra-révolutionnaires. Au milieu des murmures, Thuriot lance cette parole contre ceux qui défendent la majesté royale outragée : « Le roi n'a qu'à se bien conduire, et le peuple ne se portera pas chez lui! Je demande le rappel à l'ordre de tous ceux qui se permettraient d'accuser le peuple ! — Motion d'un factieux qui voit le peuple dans des brigands, » s'écrie avec indignation un député de la droite, Brunck.

Le tumulte finit pourtant par s'apaiser, et l'Assemblée, presque unanimement, décrète qu'une députation de vingt-quatre membres sera sur-le-champ envoyée aux Tuileries.

Girardin, qui vient de prendre le fauteuil, provisoirement occupé par Guyton-Morveau, en désigne les membres, et ceux-ci courent remplir leur mission.

A peine sont-ils sortis, que Dumas, qui arrive du Château, annonce que le roi court un danger imminent. La gauche interrompt avec violence, s'écriant par l'organe de Charlier : « Le roi ne court aucun danger, il est au milieu du peuple ! » et par la voix du capucin Chabot : « A l'ordre le député qui a calomnié le peuple ! » Dumas n'en développe pas moins sa pensée. Il lui paraît indispensable que le commandant général de la garde nationale soit mandé à la barre, et que, par son entremise, les ordres nécessaires soient donnés pour la sûreté du roi. — On murmure. — Dumas s'en irrite à bon droit, et avec une généreuse vivacité il dépeint le triste spectacle dont il a été témoin : « Le roi assailli, menacé, avili par le signe d'une faction, le roi couvert du bonnet rouge ! » La droite applaudit son courageux représentant, mais la gauche crie : « A bas ! à bas ! » et les tribunes se joignent à elle pour accabler l'orateur de furibondes invectives. Adam, Baert et plusieurs autres interpellent le président, lui dénoncent « à lui, et par lui à la France entière, » les ennemis de la constitution. D'autres membres de la droite s'écrient : « Que diront les départements quand ils sauront que le chef, le souverain investi de la majesté nationale, a été à ce point avili ? — Avili ! répliquent les Montagnards aux applaudissements frénétiques des tribunes ; le bonnet de la liberté n'est pas avilissant ! »

Demeuré ferme à la tribune, Dumas achève ainsi son discours : « Mon unique objet était de demander que l'on prît les précautions nécessaires... J'en demande pardon à mes collègues, mais celui que l'Assemblée nationale chargea de répondre à la nation de la sûreté de la famille royale, au 21 juin 1791, lui paraîtra sans doute excusable de se montrer si affecté de ses dangers au mois de juin 1792. »

Thuriot, Lasource et plusieurs autres députés réclament à la fois la parole. Mais elle est accordée à Turgan qui vient rendre compte de l'état déplorable dans lequel il a laissé les Tuileries. Charlier demande que vingt-quatre membres soient ajoutés à la première députation. Lacroix renchérit sur cette motion; il propose que toutes les demi-heures une nouvelle députation soit envoyée au Château, afin que, celle-ci relevant celle-là, l'Assemblée soit sans cesse instruite du véritable état des choses. Cette proposition est sur-le-champ décrétée et mise à exécution.

XXVII.

Cependant la foule grossissait à chaque instant dans le Château et autour du Château.

Paris ne s'était pas beaucoup ému le matin, durant le défilé du cortége; il était resté généralement tranquille. Mais l'envahissement des Tuileries avait été bientôt connu de proche en proche, tout le monde voulait voir, tout le monde accourait. Le Carrousel, les cours, le jardin, les rues adjacentes regorgeaient d'une population immense, qui en était encore à savoir ce qui se passait dans l'intérieur des appartements[1].

Le désordre durait depuis deux heures, lorsque enfin on vit apparaître le maire de Paris. Depuis qu'il avait, à onze heures du matin, fait adopter le fameux arrêté du corps municipal légalisant le rassemblement, Pétion était devenu invisible. Retiré d'abord avec quelques confidents intimes dans une des salles de l'Hôtel de Ville et plus tard à l'hôtel de la mairie (aujourd'hui la préfecture de police), il n'avait plus donné aucun ordre.

Vainement le directoire du département lui avait-il écrit pour avoir des nouvelles et réclamer l'envoi dans son sein d'un officier municipal; vainement divers membres du conseil général de la commune s'étaient-ils officieusement réunis à l'Hôtel de Ville et lui avaient-ils demandé des instructions. Le premier magistrat de Paris n'avait pas pu se décider, avant

---

[1]. Là se trouvait perdu dans la foule un homme qui devait, quelques années plus tard, recevoir, avec une pompe jusqu'alors inconnue, tous les rois de l'Europe dans ce palais en ce moment livré à la plus hideuse populace; un jeune officier d'artillerie, le capitaine Bonaparte, qui se promenait avec indifférence, bras dessus, bras dessous, avec deux amis, s'indignait de la longanimité du monarque et ne demandait que quelques pièces de canon pour balayer toute cette canaille. (Voir les *Mémoires de Bourrienne* et le *Mémorial de Sainte-Hélène*.)

cinq heures, à sortir de l'immobilité qu'il avait jusqu'alors gardée; — sorte de complicité nonchalante qui admet les dénégations et permet les mensonges.

Enfin, sur les avis réitérés qu'il reçoit du Château, Pétion comprend qu'il ne lui est pas possible de rester plus longtemps sans agir ou avoir l'air d'agir. Il fait donc atteler sa voiture, quitte son dîner inachevé, prend avec lui l'administrateur de police, Sergent, et le secrétaire de la mairie, Joseau, et arrive aux Tuileries à travers des embarras innombrables. Descendus de voiture dans la cour des Princes, Pétion et Sergent ceignent leurs écharpes et s'avancent à travers la foule qui s'écarte sans trop de difficultés, car les populaires magistrats savent payer leur passage par plus d'une flatteuse harangue. Quand Pétion engage les citoyens à conserver la dignité qui convient aux hommes libres, on l'applaudit avec frénésie. Conjure-t-il le peuple de « prendre garde aux malveillants qui *pourraient* se glisser dans son sein et l'exciter à quelque désordre, afin de le calomnier, lui et ses magistrats, » on l'applaudit encore, mais moins généralement; insinue-t-il qu'il serait temps de se retirer avec ordre, on ne l'écoute plus. En marchant, les officiers municipaux ne font qu'accroître l'encombrement contre lequel ils luttent; car ils ouvrent eux-mêmes une voie nouvelle au torrent, sans cesse grossi par la curiosité. Chacun se dit que le maire est là, se demande ce qu'il va advenir de sa présence, et veut voir.

Arrivés enfin dans la salle de l'OEil-de-Bœuf, Pétion et Sergent aperçoivent le roi entouré de plusieurs officiers municipaux en écharpe, Patris, Vigner, Champion ; de représentants du peuple, Vergniaud, Isnard ; d'officiers de la garde nationale et de chefs de légion, Acloque et Lachesnaye. Louis XVI est toujours coiffé du bonnet rouge. A la vue de cet ignoble spectacle, le maire de Paris, loin de s'indigner, admire avec une stupéfiante béatitude le roi des Français « couronné du signe de la liberté. »

Et majestueusement, au milieu des cris enthousiastes de « Vive Pétion ! » il pénètre enfin jusqu'aux côtés du roi.

« Sire, lui dit-il, je viens d'apprendre à l'instant la situation dans laquelle vous étiez...

— Cela est bien étonnant, interrompt brusquement le monarque indigné, car il y a deux heures que cela dure.

— Sire, reprend le maire, j'ignorais vraiment qu'il y eût des troubles au Château ; dès que j'en ai été instruit, je me suis rendu auprès de votre personne ; mais vous n'avez rien à craindre, car le peuple veut la respecter ; nous en répondons.

— Je ne crains rien, réplique le souverain outragé, on peut le remarquer ; d'ailleurs je n'ai couru aucun danger, puisque j'étais entouré de la garde nationale[1]. »

1. Rapports Mouchet, Sergent. — Exposé de la conduite tenue par le maire. — Déclaration Fontaine.

Pétion essaye d'engager les citoyens à se retirer, mais il le fait si froidement[1] que nul ne bouge. On crie de nouveau : « Rappelez les ministres, levez le *veto!* » Un grand jeune homme blond parvient près du roi, et lui tient cet étrange discours :

« Sire, vous n'êtes point accoutumé à entendre la vérité; je vais vous la dire au nom du peuple... Au nom de cent mille âmes qui m'entourent, je vous le dis : si vous ne sanctionnez pas les décrets de l'Assemblée, si vous ne rappelez pas les ministres patriotes que vous avez renvoyés, si vous ne marchez pas la constitution à la main, nous vous ferons descendre du trône; le règne des tyrans est passé... La sanction des décrets, leur exécution, ou vous périrez! »

Pétion n'a pas imposé silence au jeune forcené; il l'a laissé parler sans l'interrompre. Indigné, le municipal Champion se tourne vers le maire et lui dit : « Mais ordonnez donc, au nom de la loi, au peuple de sortir... Un grand danger nous menace, il faut parler! » Le maire hésite encore, et c'est le roi qui répond pour lui au jeune homme : « Vous vous écartez de la loi; adressez-vous aux magistrats du peuple. »

Champion, de plus en plus effrayé des dispositions hostiles de la foule, se tourne vers Pétion et lui crie : « Monsieur le maire, vous êtes responsable de

---

[1]. Rapport Champion.

tout ce qui peut advenir. » Mais les autres municipaux, Sergent, Vigner, Patris, reprochent à leur collègue sa trop grande vivacité; et l'acolyte de Pétion, le secrétaire Joseau, lui fait observer qu'il n'est pas à sa place. En effet, Champion n'était pas du nombre des officiers municipaux triés illégalement pour voter l'arrêté municipal du matin, ni du nombre de ceux qui avaient reçu le mandat de maintenir dans cette journée « l'ordre et la décence. » Il s'était rendu aux Tuileries, de son propre mouvement, uniquement parce qu'il avait pensé que la place des officiers municipaux est partout où il y a tumulte, danger public et violation de la loi [1].

Pétion se décide enfin à haranguer l'émeute. Sergent fait monter le maire sur un fauteuil que l'on vient d'apporter, et lui-même, prenant la sonnette des mains de l'un des huissiers de l'Assemblée nationale, qui avait accompagné Isnard et Vergniaud, l'agite jusqu'à ce qu'il ait obtenu un peu de silence.

« Citoyens, vous tous qui m'entendez, dit le maire, vous venez de présenter légalement votre vœu au représentant héréditaire de la nation; vous l'avez fait avec la dignité, avec la majesté d'un peuple libre; retournez chacun dans vos foyers, vous ne pouvez exiger davantage. Sans doute votre demande sera réitérée par les quatre-vingt-trois départements, et le roi ne pourra se dispenser d'acquiescer au vœu

---

[1]. Déclaration Lecrosnier. — Rapports Patris et Champion.

manifeste du peuple. Retirez-vous, je le répète, et, en restant plus longtemps, ne donnez pas occasion d'incriminer vos intentions respectables. »

Les paroles du maire ayant provoqué quelques applaudissements, le zélé et honnête Champion se jette dans la foule; il est suivi par un officier de paix, muni de son bâton d'ivoire. Tous deux, ils adjurent les citoyens de se retirer; on semble vouloir les écouter, mais les plus animés disent encore : « Nous attendons que le roi réponde aux demandes qui lui ont été adressées. » D'autres s'écrient : « Le maire va parler, nous voulons l'entendre. »

En effet, Pétion répète : « Si vous ne voulez pas que vos magistrats soient injustement accusés, retirez-vous! » Le roi ayant lui-même annoncé qu'il a fait ouvrir les appartements du Château, la curiosité entraîne quelques individus[1].

Pour généraliser le mouvement, les officiers municipaux présents se dispersent à travers la salle. Sergent, près de la porte de sortie, détache de sa ceinture son écharpe municipale, et, l'agitant au-dessus de sa tête, crie : « Citoyens, voici le signe de la loi; en son nom, nous vous invitons à vous retirer et à nous suivre ! »

Le défilé commence, mais très-lentement, car les

---

1. Déclarations de Montmorin, de Fontaine. — Rapport Sergent. — Exposé de la conduite tenue par le maire. — Rapport Champion.

meneurs s'obstinent à rester et à retenir la foule sous prétexte que le roi n'a encore rien accordé.

XXVIII.

Sous le vestibule et dans les escaliers, des précautions étaient déjà prises pour empêcher d'entrer, quand arrive la députation envoyée par l'Assemblée nationale, ouvrant la voie à de nouveaux flots d'hommes armés et de curieux.

« Sire, dit le représentant qui la préside, Brunck, l'Assemblée nationale a envoyé vers vous vingt-quatre de ses membres pour s'informer de l'état de votre personne, maintenir votre liberté constitutionnelle, et partager vos périls, si vous en courez[1]. — Oui, s'écrie un autre député, l'Assemblée vient partager vos dangers; chacun de ses membres est prêt à couvrir votre corps du sien. — Ce sont des citoyens égarés, ajoute un troisième; sire, ne craignez rien. — L'homme de bien ne craint rien, » réplique le roi.

Et prenant, comme trois heures auparavant, la

---

[1]. Rapport de Brunck à l'Assemblée, *Journal des Débats et Décrets*, p. 283.

main d'un garde national, il la porte contre sa poitrine, en répétant : « Voyez si c'est là le mouvement d'un cœur agité de crainte[1]. »

Répondant à la députation entière, il ajoute : « Je suis sensible et reconnaissant de la sollicitude de l'Assemblée nationale : ma conscience ne me reproche rien ; je suis tranquille au milieu de mes amis, au milieu du peuple français. »

Cet échange de paroles n'a pas arrêté le défilé. Sergent, Patris, Champion sont même parvenus à établir, de la porte d'entrée à celle des grands appartements intérieurs, une haie de gardes nationaux qui font écouler la foule. Toujours monté sur un fauteuil, le maire indique du geste aux émeutiers qu'ils doivent s'éloigner.

L'embrasure de la fenêtre, dans laquelle le malheureux roi était retenu captif depuis près de trois heures, est peu à peu rendue plus libre, grâce au zèle déployé par Champion et par deux officiers de paix, Dorival et Dossonville. Acloque propose alors à Sa Majesté de se retirer ; le roi accepte ce qu'il avait par deux fois refusé, quand c'étaient des officiers municipaux suspects qui le lui offraient. A l'appel du chef de légion, la députation de l'Assemblée nationale se range autour du souverain, les grenadiers ouvrent la marche, et le cortége passe à

---

1. Rapport de Dalloz, *Journal des Débats et Décrets*, p. 284 ; *Moniteur*, p. 724.

travers la foule dans la salle du lit de parade; de là, le roi est conduit devant une porte dérobée qui s'ouvre et se referme sur lui. Son supplice était fini[1].

XXIX.

Le supplice de la reine durait encore. Séparée de son mari, elle avait été obligée de rester dans la salle du Conseil avec le prince royal, sa fille et plusieurs des dames de la cour, entre autres Mmes de Tourzel et de Lamballe. Madame Élisabeth était venue la retrouver. Le lieutenant général de la 17e division, M. de Wittenghoff, et le ministre des affaires étrangères, Chambonnas, étaient, dès le premier moment, accourus auprès d'elle avec quelques grenadiers[2].

---

[1]. Rapports Sergent, Acloque, Fontaine.

[2]. Nous avons trouvé dans un opuscule très-rare, imprimé à l'époque même, et intitulé: *Récit exact et circonstancié de ce qui s'est passé au château des Tuileries, le mercredi 20 juin 1792*, des détails très-intéressants sur les circonstances qui empêchèrent la reine d'aller retrouver Louis XVI, lorsque déjà il était dans la salle de l'OEil-de-Bœuf en butte aux outrages des premiers groupes d'émeutiers.

« La reine accourait en ce moment par la chambre du roi : M. Aubier l'aperçoit de la porte qu'il tenait, essayant de la fermer; il court vers Sa Majesté en refermant la porte; il ose

Lorsque commença le défilé à travers les appartements, la reine et les personnes qui l'accompagnaient furent mises à l'abri dans l'embrasure d'une fenêtre, derrière la grande table du Conseil. Devant cette table s'établirent trois rangées de gardes nationaux du bataillon des Filles-Saint-Thomas, sous les ordres de Mandat. A côté de celui-ci vint bientôt se placer

l'arrêter. Elle criait : « Laissez-moi passer, ma place est près « du roi, je veux le joindre et périr s'il le faut, en le défen- « dant. » Le courage de la reine doublant ses forces, elle eût renversé M. Aubier, si M. Rougeville, chevalier de Saint-Louis, n'eût joint sa résistance à la sienne et donné le temps de l'atteindre aux personnes de l'intérieur qui couraient à sa suite. M. Aubier court en informer madame Élisabeth, qui l'autorise à résister à la volonté de la reine. Il faut, pour obtenir de la fille des Césars qu'elle semble moins digne d'elle-même, que ce serviteur lui démontre l'impossibilité de traverser un groupe de brigands, lui prouve que si elle n'était pas massacrée, elle serait étouffée avant d'y arriver; que sa tentative serait funeste au roi qui, entouré de quatre grenadiers, se précipiterait au travers des piques pour arriver jusqu'à elle; à ce mot, qui fut appuyé par M. de Chambonnas, la reine s'est laissé entraîner dans la chambre de monseigneur le dauphin. Le sieur Augé, valet de chambre, chevalier de Saint-Louis, avait rallié dix grenadiers de la salle de la reine qui, aidés de MM. de Choiseul, d'Haussonville et de Saint-Priest, protégent sa retraite. Tenant dans ses bras monseigneur le dauphin, appuyée sur Madame, Sa Majesté était entourée de mesdames de Tourzel, de Tarente, de la Roche-Aymon, de Maillé, de la petite orpheline Ernestine. Par le couloir qui conduit de la chambre du dauphin à celle du roi, on fait passer la reine, le dauphin, Madame et leurs dames dans la salle du Conseil; on les place derrière le bureau, au milieu des braves grenadiers de la section de Saint-Thomas. »

le principal promoteur du tumulte, le commandant des Quinze-Vingts, le brasseur Santerre. En entrant, il dit à la reine : « Madame, vous êtes trompée ; le peuple ne vous veut pas de mal. Si vous vouliez, il n'y aurait pas un d'eux qui ne vous aimât autant que cet enfant. » — Et du doigt il désignait le prince royal. — « Sauvez la France ; vos amis vous trompent, il n'y a pas à craindre pour vous ; je vais vous le prouver en vous servant de plastron[1]. » — Et aussitôt, activant le défilé, il montrait à la foule les membres de la famille royale, absolument comme s'il était déjà leur gardien ou leur geôlier. — « Regardez la reine, répétait-il à chaque instant, regardez le prince royal ! »

Un sans-culotte, en passant, voulut que l'enfant fût coiffé du bonnet de la liberté ; et la reine mit un bonnet rouge sur la tête de son fils. Sous cette ignoble coiffure, beaucoup trop grande et trop lourde pour lui, le prince royal étouffait. « Otez le bonnet à cet enfant, dit Santerre, saisi lui-même de pitié, il a trop chaud. »

Certes, parmi la horde qui défilait, il ne manquait pas de misérables incapables de s'apitoyer sur le sort de la malheureuse Marie-Antoinette ; mais, sur les lèvres du plus grand nombre, l'insulte fut arrêtée par l'admirable dignité de la reine ; plus d'un cœur se sentit ému à la vue de l'enfant royal

---

1. Rapport de Santerre.

qui jouait innocemment sur la table du Conseil.

Parmi les femmes les plus violentes, raconte M. Michelet, « une fille s'arrête un moment et vomit mille imprécations. La reine, sans s'étonner, lui demande si elle lui a fait quelque tort personnel. « Aucun, réplique-t-elle, mais c'est vous qui perdez « la nation. — On vous a trompée, dit la reine, j'ai « épousé le roi de France, je suis la mère du Dau- « phin, je suis Française, je ne reverrai jamais mon « pays, je ne puis être heureuse ou malheureuse « qu'en France : j'étais heureuse quand vous m'ai- « miez! » Voilà la fille qui pleure : « Ah! madame, « pardonnez-moi, je ne vous connaissais pas, je vois « que vous êtes bonne. »

Mais ce que ne raconte pas M. Michelet, c'est qu'en voyant cette fille sangloter, Santerre s'écria : « Cette femme est *saoule*[1]. »

Le roi délivré, plusieurs officiers municipaux vinrent dans la salle où se trouvait la reine pour la tranquilliser et en même temps hâter l'évacuation de ses appartements. Le chef de légion Lachesnaye avait établi dans cette salle, dans les galeries qui la suivent et dans celle du lit de parade qui la précède, deux haies de gardes nationaux entre lesquelles la foule consentit à s'écouler. Plus d'un criait encore : *A bas le Veto!* et *Vive la nation!* Certains se demandaient curieusement les uns aux autres : *Où est-il donc, le*

---

[1]. Rapport Mandat.

gros Veto? Est-ce là le lit du gros Veto? Ah! M. Veto a un plus beau lit que nous!

Vers huit heures et demie du soir, tous les appartements étaient évacués et la reine pouvait rejoindre le roi.

Dès qu'ils se virent, ils se jetèrent dans les bras l'un de l'autre en versant des torrents de larmes [1]. Les députés présents étaient tous vivement émus. Merlin (de Thionville) lui-même pleurait. Mais tout à coup essuyant ses yeux, il s'écria : « Je pleure, oui, madame, je pleure, mais sur les malheurs d'une femme sensible et belle, d'une mère... Ce n'est pas sur la reine, je hais les reines et les rois... Telle est ma religion [2]. »

XXX.

Pétion déploya, pour faire évacuer les Tuileries, toute l'énergie qu'il avait jusque-là tenue en réserve. On le vit, transporté sur les épaules de deux grenadiers, descendre le grand escalier, ordonner aux citoyens de le suivre au nom de la loi, s'établir à la porte principale sous le vestibule et y rester jusqu'au complet écoulement du dernier flot populaire.

1. Rapports Mandat, Ramainvilliers, Gossé.
2. *Mémoires* de madame Campan.

La garde nationale ayant repris possession de tous les postes, le maire parcourut les appartements et les abords du Château ; n'y ayant plus trouvé aucun envahisseur, il s'en alla rendre compte à l'Assemblée nationale des événements du jour et de sa conduite.

L'Assemblée avait écouté, non sans quelque impatience, les rapports qui lui avaient été faits, soit par ceux qui s'étaient rendus d'eux-mêmes auprès du roi, soit par ceux qu'elle y avait envoyés. Brunck ayant traduit ainsi les paroles du monarque : « Je suis tranquille, je suis au milieu de mon peuple, » cette expression *mon peuple* souleva de si violents murmures qu'il fallut excuser l'orateur, sur ce qu'en sa qualité d'Alsacien il lui était permis de ne pas parler très-bien le français. Mais un autre député ayant encore prononcé les mots *son peuple*, les interruptions les plus vives s'entre-croisèrent et le calme ne se rétablit que quand enfin Lejosne déclara péremptoirement qu'il avait entendu dire au roi *le peuple français*.

Un autre incident fait bientôt surgir une nouvelle tempête. L'évêque de Colmar, Arbogast, demande qu'une députation spéciale de douze membres soit envoyée auprès du prince royal; un député de la droite, appuyant sa motion, s'écrie : « Nous sommes responsables envers la nation et envers l'Europe entière de la conservation du roi et du prince royal. — Il semblerait que nous avons quelques craintes sur la sûreté de la personne du roi? réplique vivement

Lasource. — Oui, oui, crie-t-on d'un côté. — Vous insultez le peuple français, » répond-on de l'autre. « On ne dira, crie Léopold, que le roi court des dangers que quand il aura été assassiné. La nation a été avilie dans la personne de son représentant héréditaire. » Les murmures continuent jusqu'au moment où, sur la motion de Lasource, l'ordre du jour est mis aux voix. La minorité de l'Assemblée se lève contre, et, en récompense de son énergique attitude, elle recueille les huées des tribunes.

Les débats avaient été repris assez paisiblement sur divers objets inscrits à l'ordre du jour, quand paraissent à la barre le maire de Paris et deux officiers municipaux. Aussitôt le tumulte recommence : applaudissements d'un côté, menaces et cris dédaigneux de l'autre. Pétion reste quelques moments interdit, le rouge lui monte au front, et chacun remarque dans sa placide physionomie « une agitation de muscles qui ne lui est point ordinaire. »

Peu à peu il se remet, et, réclamant l'indulgence de ses auditeurs parce qu'il n'a pas eu le temps de mettre ses idées en ordre, il essaye de commencer un discours, difficile à improviser, car il doit être d'autant plus sonore qu'il sera plus mensonger.

« On a eu des inquiétudes, dit-il, le roi n'en a point eu. Il connaît les Français, il sait que les magistrats du peuple veillent toujours pour faire observer à son égard le respect qui lui est dû. Les magistrats ont fait aujourd'hui leur devoir et l'ont fait avec le plus grand zèle, et j'avoue que j'ai été douloureusement affecté de voir des membres de cette Assemblée qui aient pu un instant en douter...

— Oui, oui, sans doute, nous en doutons encore, s'écrièrent plusieurs membres au paroxysme de l'indignation.

— A l'ordre, à l'ordre! répond-on à gauche, vous insultez un magistrat du peuple!...

— Pourquoi, dit Boulanger (de la Seine-Inférieure), n'a-t-on pas aussi dénoncé ceux qui ont manqué de respect au roi? Ils étaient du complot!

— Que M. Boulanger dénonce les complots qu'il vient de faire soupçonner, s'écrie Ducos, ou j'écris sur son front le nom de calomniateur. »

Les tribunes éclatent en applaudissements. Dumolard demande la parole. Boulanger court lui disputer la tribune; mais le président se refuse à les laisser parler, et, après une assez longue agitation, Pétion est invité à continuer. L'émotion du maire est si grande qu'il ne prononce que des phrases entrecoupées : « Il paraît que quelques personnes ne savent pas assez ce que la municipalité a fait. Elle a rempli son devoir. Elle est à l'abri de tout reproche... Les citoyens se sont soumis à la loi, mais ils ont voulu marcher en armes avec les bataillons. Ils en avaient le droit. Ils n'ont point contrevenu à la loi. La municipalité a senti qu'il était nécessaire de légaliser ce qui se passait. Les magistrats doivent faire en sorte que jamais les citoyens ne manquent à la loi. »

Après ces allégations trop facilement contestables, le maire s'embarrasse dans une démonstration de la complète légalité et de la parfaite innocence des événements qui viennent de se passer [1]. Il glisse fort légèrement sur la violation du domicile royal, sur les insultes qui ont été prodiguées à Louis XVI, et termine en cherchant à changer de rôle, en s'efforçant de se faire accusateur, d'accusé qu'il était auparavant : « Je viens d'entendre dire, et cela se répète souvent, qu'il y avait des complots; il serait bien nécessaire de les connaître; je ne crois pas qu'il y ait un bon citoyen qui puisse se refuser à les dévoiler. Il serait bon que les magistrats du peuple les connussent afin de pouvoir les déjouer sur-le-champ. Je vous supplie d'engager tous les membres de cette Assemblée qui peuvent avoir des renseignements à cet égard, à nous les communiquer; car sûrement les magistrats du peuple feront à l'instant leur devoir! »

Les tribunes accueillent avec le plus vif enthousiasme la fin du discours de Pétion.

Certains députés demandent qu'il soit fait « *mention honorable* » de la conduite de la municipalité.

« Fi donc! » leur répondent les députés constitutionnels.

« Je m'y oppose formellement, » crie Becquey.

« Que ceux qui ont du mal à dire de la municipalité s'expliquent! » dit le fougueux Albitte.

1. *Journal des Débats et Décrets*, p. 287.

« Qu'ils se lèvent, s'ils l'osent! » ajoute Brival.

Mais la lecture d'une lettre du maréchal Luckner vient mettre fin à cette discussion, et Pétion sort, applaudi par les tribunes et par ses amis de l'Assemblée.

Après son départ, les constitutionnels demandent que le ministre de l'intérieur soit appelé sur-le-champ; la gauche s'y oppose; et, sur son insistance, on passe à l'ordre du jour. Guyton-Morveau, président de la dernière députation envoyée aux Tuileries, rapporte que tout est tranquille autour du Château, que le roi s'est retiré dans ses appartements, que le prince royal est en très-bonne santé.

Sur ce, la séance est levée, et chacun rentre chez soi avec ses craintes ou ses espérances; mais personne ne se dissimule que le ciel reste chargé d'orages.

A dater de ce jour, les masses populaires savent le chemin de l'Assemblée nationale et des Tuileries; elles le reprendront bientôt pour aller, à l'instigation de la démagogie, renverser le trône de Louis XVI, et plus tard pour dicter leurs volontés à la Convention et la forcer à se décimer elle-même. Tout se tient, tout s'enchaîne dans les événements d'une révolution, tout s'y meut d'après les règles d'une logique inflexible. Les Girondins qui ont salué de leurs applaudissements la première apparition de ce pouvoir nouveau, celui de la rue et de la foule irresponsable, apprendront bientôt à leurs dépens que, s'il est écrit dans l'évangile du Christ : « Celui qui tirera l'épée périra par l'épée, » l'histoire a traduit les paroles du livre saint par cette immuable loi de la politique humaine : « Celui qui appelle la rue à son aide périra par la rue. »

XXXI.

Au lendemain de la journée du 20 juin, s'engage une lutte presque personnelle entre la royauté et la municipalité parisienne. Louis XVI voit tous ses ennemis se réunir autour d'une même personnalité, Pétion. Le monarque héréditaire est obligé de se mesurer avec le roi d'un jour.

Le département de Paris, à la tête duquel se trouvait le vénérable duc de Larochefoucauld, la droite de la législative, les constitutionnels de la capitale et des départements, se rangent autour du trône. Toute la tourbe révolutionnaire, le club des Jacobins, les représentants montagnards, s'avancent derrière le maire et se servent de lui pour entretenir l'agitation, pour pervertir l'opinion publique.

C'est cette lutte, entre deux personnes, élevées à la hauteur de deux principes, qu'il nous reste à décrire pour clore notre récit de la journée du 20 juin. Rien ne saurait mieux faire comprendre les conséquences immédiates de la déplorable invasion des Tuileries.

A l'ouverture de la séance du 21 juin, d'Averhoult, l'un des membres les plus courageux de la droite, dénonce à la France entière l'attentat commis la veille contre l'inviolabilité du domicile royal. Bigot de Préameneu demande que l'Assemblée nationale rende immédiatement un décret « qui interdise tout rassemblement d'hommes armés sous prétexte de pétition. — La loi existe, lui crie-t-on. — Sans doute, répliquent d'autres députés, mais c'est comme si elle n'existait pas, puisque l'Assemblée en a autorisé l'inexécution. — Il serait dangereux et inutile de faire une loi nouvelle, objecte Lecointe-Puyraveau; vous n'avez qu'un parti à prendre, c'est d'exiger que les autorités constituées fassent exécuter celle qui est en vigueur. — Mais, hier, lui répond-on, le département est venu vous faire cette demande, et vous l'avez renvoyé. — Hier, sans doute, reprend l'orateur, la loi a été violée sous certains rapports, mais elle a été suivie sous beaucoup d'autres; des citoyens de la garde nationale étaient avec ceux armés de piques, et quel homme ne verra pas dans cette mesure un grand acte de prudence de la part de la municipalité?... »

Lamarque soutient son ami Lecointe; mais, une fois sorti des généralités, il s'embarrasse dans ses réticences. « L'ordre du jour! crie Couthon. — L'apologie de l'attentat d'hier est bien difficile, dit en souriant Calvet ; je demande de l'indulgence pour M. Lamarque. — Tous nos délégués, reprend celui-ci, ont affirmé que le calme régnait aux Tuileries. — Oui, à dix heures du soir, lui réplique-t-on. — L'asile du représentant héréditaire a été violé, ajoute Deusy ; je demande si ce n'est pas là un attentat, et si l'on peut passer à l'ordre du jour sans se déshonorer. »

Pendant deux heures, l'Assemblée est en proie à la plus vive agitation. Tout à coup des cris d'enthousiasme, poussés par les tribunes, annoncent l'apparition du maire de Paris.

« L'ordre règne partout, dit-il ; les magistrats ont pris toutes les précautions. Ils ont fait leur devoir ; ils l'ont fait toujours, et l'heure viendra qu'il leur sera rendu quelque justice. »

Cela dit, Pétion quitte l'Assemblée au milieu des applaudissements, et se rend au Château.

Le maire était accompagné de Panis et de Sergent. Admis dans la salle du Conseil, quoiqu'il ne retrouvât pas là ses tribunes ordinaires pour le soutenir, il voulut payer d'audace et maintenir, vis-à-vis du monarque outragé, la parfaite constitutionnalité des événements de la veille. Ce fut Louis XVI qui commença brusquement l'entretien.

« Le roi. Eh bien ! monsieur le maire, le calme est-il rétabli dans Paris ?

« Le maire. Sire, le peuple vous a fait des représentations. Il est tranquille et satisfait.

« LE ROI. Avouez, monsieur, que la journée d'hier a été d'un bien grand scandale et que la municipalité n'a pas fait, pour le prévenir, tout ce qu'elle aurait pu faire.

« LE MAIRE. Sire, la municipalité a fait tout ce qu'elle a pu et dû faire; elle mettra sa conduite au grand jour, et l'opinion publique la jugera.

« LE ROI. Dites la nation entière...

« LE MAIRE. Elle ne craint pas plus le jugement de la nation entière.

« LE ROI. Dans quelle situation se trouve en ce moment la capitale?

« LE MAIRE. Sire, elle est calme.

« LE ROI. Cela n'est pas vrai!

« LE MAIRE. Sire...

« Taisez-vous! » interrompt Louis XVI d'un ton absolu.

Pétion veut ajouter quelques mots pour la défense de la municipalité; mais le monarque continue ses reproches; les deux interlocuteurs parlent quelques instants tous les deux ensemble. Vivement irrité de l'insistance du maire et de son manque de respect, le roi lui tourne le dos. Pétion se voit obligé de se retirer.

Mais dans la première antichambre, dès qu'il se retrouve seul avec Sergent et Panis, il se félicite d'avoir opposé le calme de la raison à la folie de ces personnes qui se croient encore au temps d'imposer à des hommes libres.

Au même moment, la reine disait au procureur général syndic :

« M. Rœderer, ne trouvez-vous pas que le roi a été bien vif? Croyez-vous que cela ne lui nuise point?

— Je crois, madame, que personne ne mettra en doute que le roi ne puisse se permettre de dire : *taisez-vous!* à un homme qui parle sans l'écouter. »

XXXII.

Louis XVI avait opposé un front calme et digne aux fureurs de la populace. Il déploya une énergie non moins noble, lorsque, s'adressant le 22 juin à la nation française, il fit éclater, dans une proclamation célèbre, les sentiments dont son âme était pleine.

« Les Français, disait-il, n'auront pas appris sans douleur qu'une multitude, égarée par quelques factieux, est venue à main armée dans l'habitation du roi, a traîné un canon jusque dans la salle des gardes, a enfoncé les portes de son appartement à coups de hache, et là, abusant audacieusement du nom de la nation, a tenté d'obtenir par la force la sanction que Sa Majesté a constitutionnellement refusée à deux décrets.

« Le roi n'a opposé aux menaces et aux insultes des factieux que sa conscience et son amour pour le bien public. Le roi ignore quel sera le terme auquel ils voudront s'arrêter; mais il a besoin de dire à la nation française que la violence, à quelque excès qu'on veuille la porter, ne lui arrachera jamais un consentement à tout ce qu'il croira contraire à l'intérêt public. Il expose sans regret sa tranquillité, sa sûreté; il sacrifie même sans peine la jouissance des droits qui appartiennent à tous les hommes et que la loi devrait faire respecter chez lui comme chez tous les citoyens. Mais, comme représentant héréditaire de la nation française, il a des devoirs sévères à remplir, et s'il peut faire le sacrifice de son repos, il ne fera pas le sacrifice de ses devoirs.

« Si ceux qui veulent renverser la monarchie ont besoin d'un crime de plus, ils peuvent le commettre; dans l'état de crise où elle se trouve, le roi donnera à toutes les autorités constituées l'exemple du courage et de la fermeté, qui seuls peuvent sauver l'empire. En conséquence, il ordonne à tous les corps administratifs de veiller à la sûreté des personnes et des propriétés.

« Fait à Paris, le 22 juin 1792, l'an IV de la liberté.

« *Signé :* Louis. *Contre-signé :* Terrier. »

Cette proclamation souleva des transports de rage parmi les ultra-révolutionnaires. Prud'homme, en la reproduisant dans les *Révolutions de Paris*, la fit suivre de ce mot : « Imposture! » Bazire, à l'Assemblée, la dénonça comme étant de nature à provoquer des troubles. Elle fut commentée de la plus violente manière dans les clubs et dans les comités de section.

Le 23 juin au matin, on trouva affiché, entre l'avis du maire et la proclamation du roi, ce placard sans signature :

« Pères de la patrie,

« Nous nous levons une seconde fois pour remplir le plus saint des devoirs. Les habitants des faubourgs de Paris, les hommes du 14 juillet, viennent vous dénoncer un roi faussaire, coupable de haute trahison, indigne d'occuper plus longtemps le trône. Nos soupçons sur sa conduite sont enfin vérifiés, et nous demandons que le glaive de la justice frappe sa tête, afin que la punition qu'il mérite serve d'exemple à tous les tyrans. Si vous vous refusez encore à nos vœux, nos bras sont levés, et nous frapperons les traîtres partout où nous les trouverons, même parmi vous. »

Cet affreux placard (ainsi le qualifiait Pétion lui-même) n'était rien moins que la pétition que le nouveau rassemblement devait porter à l'Assemblée le 25 juin. Le maire de Paris promit de faire contre les auteurs de cet écrit les recherches les plus minutieuses; mais elles furent naturellement sans succès.

Le ministre de l'intérieur, qui avait de bonnes raisons pour ne pas se fier aux promesses de Pétion, courut dénoncer l'affiche anarchique à l'Assemblée nationale; elle fut renvoyée à la commission des Douze et il n'en fut plus question. Mais les autres faits exposés par le ministre de l'intérieur étaient trop graves pour que l'Assemblée parût ne pas s'en préoccuper. Dès le soir même, sur le rapport de Muraire, elle votait à l'unanimité l'impression immédiate et l'envoi aux départements d'un *Acte du Corps législatif*, que le roi sanctionna sans retard.

Cet *Acte* se bornait à « inviter les bons citoyens à réunir leurs efforts à ceux des autorités constituées pour maintenir la tranquillité publique et pour garantir la sûreté des personnes et des propriétés. » Comme il n'ajoutait rien à la législation en vigueur, il avait été adopté unanimement. La droite y avait vu un remède préventif contre le renouvellement des désordres, la gauche une simple proclamation sans conséquence. Mais le département de Paris le prit fort au sérieux; il était résolu à exiger la stricte exécution des lois, dont il était le protecteur constitutionnel.

Ce rappel au respect de la légalité fut également entendu par plusieurs membres du conseil général de la commune et même par de simples particuliers, auxquels leur seule conscience imposa le mandat de protester contre la violation flagrante de la constitution.

Un officier municipal et deux anciens constituants se mirent à la tête de la réaction constitutionnelle. Le 23 juin, au sein du conseil général, Cahier prononça un véritable réquisitoire contre les événements du 20.

« La loi, s'écria-t-il, a été *violée* avec le plus scandaleux éclat par un commandant de bataillon, Santerre, qui, sans réquisition préalable, a osé marcher à travers les rues de Paris, à la tête d'un rassemblement de vingt mille hommes armés;

« *Violée* par des gardes nationaux qui, sans réquisition préalable, ont paru dans le rassemblement avec leurs armes et traînant après eux leurs canons;

« *Violée* par une foule d'individus de tout âge, de tout sexe, qui ont pénétré dans la demeure du représentant héréditaire de la nation et l'ont obligé à se couvrir du bonnet rouge, bonnet avili par les factieux;

« *Violée* par le procureur de la commune, par le maire, qui, au mépris des lois concernant leur ministère, ont négligé de requérir les mesures nécessaires pour dissiper cet attroupement;

« *Violée* par le commandant général, à qui toutes les lois militaires et de police ordonnaient de repousser la force attaquant le poste qui lui était confié;

« *Violée* enfin par tous les membres du corps municipal, qui ont abandonné le sort de cette périlleuse journée à une distribution de rôles, concertée à l'avance, seulement avec quelques-uns d'entre eux. »

En conséquence, Cahier demandait au conseil général d'arrêter :

« Qu'il improuvait la conduite tenue, depuis son arrêté du 16 jusques et y compris la journée du 20, par le maire, le procureur de la commune et les administrateurs de police ; qu'il improuvait également l'arrêté pris dans la matinée du 20 par le corps municipal ;

« Qu'il dénonçait cet arrêté et la conduite du maire, du procureur de la commune et des administrateurs de la police au directoire du département. »

Cahier[1] terminait son réquisitoire en proposant que l'arrêté à prendre par le conseil général pour ou contre ses propositions, fût imprimé, affiché, distribué aux quarante-huit sections, aux quatre-vingt-deux départements, au directoire du département de Paris, au ministre de l'intérieur et à l'Assemblée nationale. Le conseil général de la commune était

---

1. Louis-Gilbert Cahier était avant la Révolution avocat au Parlement. Il fut arrêté le 1ᵉʳ septembre 1792, sur la motion de Robespierre, au moment même où, par suite du décret qui cassait la commune insurrectionnelle, il venait reprendre ses fonctions municipales (*Histoire parlementaire*, t. XVII, p. 356) ; il échappa aux massacres de septembre par suite de la réclamation de sa section (celle de la Grange-Batelière), puis fut incarcéré comme suspect pendant la tourmente révolutionnaire. Cahier entra, sous le Consulat, dans les rangs de la magistrature et fit partie de la Cour de cassation. Il est mort le 11 avril 1832, âgé de 70 ans. Il ne faut pas le confondre avec Cahier de Gerville qui fut ministre de Louis XVI, et dont il n'était même pas parent.

ainsi mis en demeure de se prononcer d'une manière catégorique, mais il hésita à suivre le courageux orateur jusqu'au bout de sa motion et se contenta d'en ordonner l'impression et la mise à l'ordre du jour des quarante-huit sections. C'était condamner moralement les auteurs et complices du 20 juin [1].

Pendant ce temps, deux anciens constituants, Dupont (de Nemours) et Guillaume, rédigeaient, faisaient imprimer dans le *Journal de Paris*, déposaient chez les notaires de la capitale et expédiaient à tous leurs anciens collègues une pétition des plus énergiques contre les excès du 20 juin [2]. Elle fut en quelques jours couverte de signatures.

Les départements envoyèrent aussi de nombreuses adresses exprimant toutes la même horreur pour les

---

1. La motion de Cahier fut présentée au conseil général le 23 juin. On en ordonna l'impression, mais on n'en reprit la discussion que le 6 juillet. Les débats furent ce jour-là longs et animés. Les constitutionnels l'emportèrent, et firent renvoyer la motion de Cahier au corps municipal pour appliquer la loi du 9 octobre 1791 sur les clubs. C'était tout ce que pouvait faire le conseil général de la commune, mais c'était évidemment une fois de plus condamner les événements du 20 juin, dont le conseil général rendait ainsi solidaires les Jacobins et les autres sociétés populaires de la capitale.

2. Dès le 24 juin, la pétition que l'on appela plus tard la pétition des vingt mille, quoiqu'elle eût été loin de réunir ce nombre de signatures, circulait dans Paris de maison en maison. Sur cent treize notaires, quatorze seulement refusèrent de recevoir les signatures, de peur de se compromettre. Pendant toute la terreur, ce fut un crime presque irrémissible que d'avoir signé ou fait signer la pétition des vingt mille.

événements qui venaient de se passer aux Tuileries, le même désir de s'unir avec la partie saine de Paris pour réduire à l'impuissance la faction jacobine.

XXXIII.

Ainsi attaqué de toutes parts, Pétion sentit bien qu'il fallait changer le terrain de la lutte; d'accusé, il se fit accusateur.

Dans les *considérants* d'un arrêté, pris pour rappeler toutes les autorités inférieures à la stricte exécution de la loi du 3 août 1791 sur la réquisition de la force publique, le directoire du département de Paris avait dit : « L'événement du 20 juin aurait été prévenu si les lois existantes avaient été mieux connues des citoyens et mieux observées par les fonctionnaires publics chargés de leur exécution immédiate. »

Le maire s'empressa de relever cette phrase comme une insulte, et d'écrire une lettre qui finissait par une véritable provocation :

« Je vous interpelle en mon particulier de poursuivre d'une manière franche et directe le maire de Paris, s'il a manqué à ses devoirs ; c'est une obligation impérieuse pour vous, la loi vous le commande, et sans doute vous aimez trop la loi pour ne pas lui obéir. J'espère que vous trouverez bon que je rende cette lettre publique. »

Ce fut, paraît-il, Rœderer qui reçut la lettre municipale. Fidèle au rôle qu'il avait pris d'intermédiaire officieux entre le directoire du département et le maire de Paris, il retint la lettre sans la communiquer à ses collègues et écrivit confidentiellement à Pétion :

« Il me semble que par l'arrêté de ce matin on n'a entendu ni pu entendre que les fonctionnaires militaires, puisque les articles rappelés de la loi ne sont relatifs qu'à l'usage immédiat et spontané de la force : c'est ainsi du moins que, moi, je l'ai entendu, quand on l'a lu. Revoyez, je vous prie, les articles de la loi, et faites-moi dire tout de suite si vous persistez à vouloir que je remette votre lettre au conseil. J'attendrai une demi-heure votre réponse. »

Moins d'une demi-heure après, Rœderer recevait ce billet :

« Pas de doute que je persiste à ce que ma lettre soit communiquée au conseil, où je vais me rendre d'après l'invitation qui m'a été faite. Il est impossible d'entendre autre chose que ce que j'ai entendu ; et dans tous les cas, le public entendrait nécessairement que le conseil a voulu parler du maire et des officiers municipaux. »

La lettre de Pétion fut donc remise au département, qui répliqua sèchement :

« Nous avons reçu, monsieur, votre lettre du 24 ; l'arrêté dont vous vous plaignez n'inculpe personne individuellement. Quand vous aurez fait parvenir au département les procès-verbaux qu'il vous a demandés plusieurs fois, *il fera ce que la loi lui prescrit.* »

Pétion, de plus en plus embarrassé, écrivit :

« Je réponds, messieurs, en peu de mots à votre lettre très-laconique. Vous observez que votre arrêté n'inculpe personne individuellement, et que vous ferez ce que la loi vous prescrit lorsque les procès-verbaux vous seront parvenus. Vous me permettrez de vous faire deux réflexions très-simples et dont vous sentirez la justesse :

« 1° Pour n'inculper personne, vous inculpez tout le monde ; vous reprochez aux fonctionnaires publics, sans distinction, de n'avoir pas fait observer la loi. Cet anathème porte sur tous, et il n'est pas de genre d'attaque plus dangereux, puisqu'il met à l'abri celui qui frappe sans laisser une véritable défense à celui qui est frappé ;

« 2° Vous *attendez* les procès-verbaux pour vous instruire, et *à l'avance* vous jugez, vous mettez les fonctionnaires publics sous le poids d'une accusation. Il y a au moins de la précipitation dans cette conduite. »

Le département ne se donna pas la peine de s'excuser de la précipitation que le maire, si lent le 20 juin, se permettait de lui reprocher. Il coupa court à toute nouvelle objection en parlant ainsi, au nom de la loi :

« Paris, 24 juin, 11 heures du matin.

« Le conseil, monsieur, avait prévu le retard que pourrait mettre dans l'exécution de son arrêté l'expédition des procès-verbaux ; c'est pour cela qu'il en avait demandé la minute. Il vous prie, monsieur, de lui apporter, d'ici à une heure, les minutes des procès-verbaux, si les expéditions ne peuvent être faites. Faute de quoi il enverra, aux termes de l'article 22 de la loi du 27 mars 1791, des commissaires pour prendre les renseignements et informations dont il a besoin. »

L'enquête et l'instruction, décidées dès le 20 juin au soir, étaient, on le voit, vigoureusement poursuivies. En même temps que des rapports détaillés étaient exigés de tous les officiers municipaux qui avaient assisté, témoins ou acteurs, aux tristes scènes de la trop fameuse journée, les juges de paix des divers quartiers de la capitale étaient chargés de recevoir les dépositions des témoins, et, réunis en comité central, d'exercer les fonctions de juges d'instruction.

De plus, trois administrateurs départementaux, Garnier, Leveillard et Demautort, étaient nommés commissaires à l'effet de résumer les rapports obtenus des municipaux et des officiers de garde, ainsi que tous les renseignements recueillis, pour en faire un exposé général au conseil. Enfin, le ministre de l'intérieur lui-même était invité à coopérer à la recherche de la vérité, à fournir les éclaircissements nécessaires, notamment sur l'ouverture de la porte Royale qui avait donné passage aux envahisseurs du Château.

XXXIV.

L'enquête ordonnée par le département dura une quinzaine de jours.

Pendant ce temps, Paris avait été profondément agité. La Fayette était venu de son camp de Bavay présenter à l'Assemblée nationale une pétition contre les menées jacobines; mais sa tentative n'avait pas abouti. Abandonné de tous, excepté de son ami La Rochefoucauld et de quelques-uns des magistrats départementaux, repoussé par la reine et par le roi lui-même, qu'il voulait sauver, le *général de la Constitution* avait quitté Paris, le désespoir dans l'âme, convaincu qu'il n'avait fait que hâter le dénouement fatal.

Sur ces entrefaites, la pétition rédigée par Dupont (de Nemours) et Guillaume avait été déposée sur le bureau de la Législative. Mais celle-ci, sans examiner le nombre ni la qualité des signataires, l'avait renvoyée à la commission des Douze, qui s'était contentée de la placer dans ses cartons.

Pétion, si longtemps muet, avait fini par faire imprimer l'*Exposé de sa conduite,* dans lequel tout ce qui paraissait inexplicable s'expliquait en apparence on ne peut mieux. — Si le maire, y soutenait-il, a enfreint les recommandations énergiques de l'autorité départementale, c'est qu'il y a été forcé par les circonstances, et il a su — merveilleuse habileté! — laisser se produire une manifestation interdite sans mettre en contradiction la municipalité, qui autorisait, et le conseil général de la commune, qui avait défendu. C'est uniquement grâce à sa prudente politique que tout a pu se passer paisiblement jusqu'à trois heures et demie; si alors la demeure royale a été envahie, ce n'est nullement de sa faute; il n'a point à supporter les conséquences de l'immobilité du commandant général, chargé de garder le Château et qui a laissé ouvrir les portes. Averti de l'attentat au moment même où, dans sa candeur, il était persuadé que la journée était finie, il s'est précipité vers les Tuileries. Insinuerait-on que le langage qu'il y a tenu n'a pas été toujours très-explicite, qu'il a hésité longtemps à commander à la foule de se retirer? il répondrait que sa manière d'agir et de parler a été la plus digne et la plus *analogue aux circonstances*.

Quant au procureur de la commune, il persistait à ne pas répondre aux injonctions réitérées qui lui étaient faites. Pressé par Rœderer, il avait eu l'insolence d'écrire que, le 20 juin, il n'avait passé qu'une heure aux Tuileries, sa place du matin et du soir étant à la maison commune, *et qu'il serait bien fâché de perdre un temps, qui n'était pas à lui, à recueillir des faits que l'histoire seule devait juger.* « *Je jure*, disait-il en terminant, *que le maire de Paris a sauvé le peuple!* » A peine parvint-on à le faire consentir à comparaître devant les commissaires départementaux. De ses explications il résulta que ni le 18, ni le 20 juin, il n'avait communiqué au corps municipal l'arrêté pris le 16 par le conseil général; que, connaissant l'arrêté du département, il n'en avait point requis l'exécution; bien plus, qu'il avait approuvé l'arrêté contraire de la municipalité, et enfin que, loin de se porter vers les Tuileries au premier tumulte, comme la loi le lui ordonnait, il s'était promené quelque temps dans le jardin, sans écharpe et en simple particulier.

Les trois commissaires instructeurs du département, Garnier, Levieillard et Demautort, lurent, le 4 juillet, au conseil général un rapport où les événements du 20 juin et la part qu'y avaient prise les diverses autorités incriminées étaient parfaitement résumés.

Ils concluaient en demandant la suspension du maire, du procureur de la commune et des administrateurs de police, conformément à la loi du 27 mars 1791, article 9, et en ne réclamant contre le commandant général qu'un « simple avis d'être à l'avenir plus ponctuel à son service. »

Les formes de procédure en usage dans les tribunaux avaient été appliquées aux nouveaux corps administratifs. Des commissaires spéciaux présentaient un rapport; le procureur général syndic ou son substitut, en qualité de ministère public, posait des conclusions conformes ou contraires à celles des commissaires, et enfin le conseil tout entier décidait.

C'est pourquoi Demautort, Levieillard et Garnier ayant communiqué leur rapport au procureur général syndic, ce dernier dut, conformément à la loi, présenter ses conclusions. Rœderer était l'ami de Pétion; son réquisitoire fut un véritable plaidoyer en faveur du maire et même du procureur de la commune, qu'il était impossible de séparer de celui-ci.

Reprenant l'examen de toutes les pièces, le procureur général syndic commence par énumérer les faits incontestables : la formation du rassemblement, la grille des Feuillants forcée, le canon braqué sur la porte Royale, cette porte ouverte par des gardes nationaux, le domicile royal envahi, les discours violents adressés au roi, le vol de plusieurs objets mobiliers. « Pour ces faits, dit-il, le soin d'en rechercher les auteurs regarde les tribunaux. » Le département n'a à s'occuper que de la conduite des officiers municipaux accusés de n'avoir pas rempli leur devoir. Or, l'arrêté irrégulier par lequel le corps municipal a prétendu légaliser le rassemblement illégal n'a pas été pris par le maire seul, et ne peut dès lors lui être reproché. D'ailleurs l'Assemblée nationale elle-même n'a-t-elle pas montré qu'il était impossible de résister à l'invasion de la foule des pétitionnaires armés, puisqu'elle les a reçus dans son sein ? Ayant à l'avance recommandé la surveillance la plus active au commandant général et ne pouvant lui ordonner plus, le maire et les officiers municipaux ne doivent pas être réputés responsables de l'invasion du Château. L'invasion ayant eu lieu, il ne leur était plus possible d'agir pour la repousser violemment, parce que c'eût été compromettre la vie du roi. Pétion a-t-il fait tout ce qu'il devait faire pour mettre un terme au désordre, pour « le tempérer, n'ayant pu le prévenir ? » A cette question, Rœderer répond : « ... Si j'avais à juger le maire de Paris comme juré, d'après ma conviction intime, je n'hésiterais pas une seconde à l'acquitter honorablement. Je ne puis moins faire pour lui quand je n'ai qu'une voix consultative à émettre sur sa conduite... »

Le 6 juillet, le conseil général du département s'assembla pour prononcer sur les rapports contradictoires de ses commissaires et du procureur général syndic. Il avait la conscience de l'immense responsabilité qui allait peser sur lui. Il savait avec quelle indicible impatience tous les partis attendaient son verdict. Il n'ignorait pas que, s'il adoptait la proposition de ses trois commissaires, il allait attirer sur la tête de chacun de ses membres toutes les colères populaires[1], mais il savait aussi qu'il serait responsable de son arrêt devant l'histoire, tribunal suprême des actions et des jugements des hommes.

Ce ne fut qu'après de longs et consciencieux débats que le conseil général du département se décida à prononcer la suspension de Pétion et de Manuel. La délibération, commencée de bonne heure le 6, se prolongea jusqu'au 7 à quatre heures du matin[2].

---

1. Six semaines plus tard, le vénérable duc de la Rochefoucauld payait de sa vie sa courageuse résistance aux entraînements populaires; il était égorgé, dans les bras de sa femme et de sa mère, sur la route de Rouen à Paris, par une troupe de forcenés envoyés par la commune insurrectionnelle du 10 août.

Nous donnons, à la fin de ce volume, le procès-verbal de cette mort déplorable.

2. La minute de ce monument de courage civil est signée : La Rochefoucauld, président; Brousse, Anson, Gravier de Vergennes, Levieillard, Germain Garnier, Demeunier, Defauconpret, Dumont, Lefebvre d'Ormesson, Barré, Thouin, Andelle, Charton, Bailly, Demautort, de Jussieu, Davous, Trudon, Pinorel; Blondel, secrétaire.

Rœderer, en qualité de procureur général syndic, fut chargé de notifier l'arrêté du conseil général du département au maire de Paris. Mais, suivant son habitude, il lui écrivit en même temps une lettre officielle et un billet officieux. Le billet est daté de l'heure même où le conseil général venait de rendre son verdict (quatre heures du matin); la missive qui accompagnait la procédure authentique est datée de sept heures après (onze heures).

XXXV.

Quelques heures après, le conseil général de la commune était convoqué pour entendre la lecture de l'arrêté départemental et pour élire un maire provisoire. L'officier municipal Borie fut choisi, et aussitôt, à la tête d'une députation municipale, il alla annoncer officiellement à l'Assemblée législative la suspension du maire et du procureur-syndic.

Voici ces deux pièces, que nous avons eu le bonheur de retrouver :

« Monsieur,

« J'ai l'honneur de vous adresser le rapport des commissaires chargés de l'examen de l'affaire du 20 juin. Ce soir, dès que le conseil aura arrêté le procès-verbal de la séance, j'aurai soin de vous l'adresser; il renferme mes conclusions, mon opinion et les arrêtés préliminaires auxquels mes conclusions ont donné lieu.

« Le procureur général syndic du département de Paris,
« ROEDERER. »

Le billet porte la suscription suivante :

« *A monsieur Pétion lui-même, à la mairie.*

Et sur le pli intérieur : « *A vous-même.* »

« Mon ami, je vous félicite; le conseil vient de suspendre le procureur de la commune et le maire de Paris. Je ne vous

Pétion fit afficher le jour même dans Paris un avis ainsi conçu :

« Citoyens,

« Je suis suspendu de mes fonctions. Recevez cette « décision, comme je l'ai reçue moi-même, avec « *calme et sang-froid*. Bientôt une autorité supé- « rieure prononcera, et j'espère que l'innocence sera « vengée, d'une manière digne d'elle, par la loi. »

D'après la Constitution, c'était au roi qu'apparte- nait le droit de confirmer ou d'annuler l'arrêté dé- partemental; mais, par une singulière confusion de

voulais pas tant de bien, je vous l'avoue; je vous embrasse. Voilà deux nuits que je passe en blanc. Le conseil se sépare, il est quatre heures du matin. Je ferai imprimer le discours très- précipité que je leur ai lu dans cette affaire, et j'ai fait retenir mes conclusions au procès-verbal. Puissé-je trouver aussi quelqu'un qui me suspende en attendant qu'on nous pende !

« Rœderer. »

L'ami, dans cette occasion, faisait oublier au magistrat la gravité de la situation; il ne voyait dans cette suspension du maire de Paris qu'un texte de plaisanterie, qu'une occasion de triomphe pour Pétion; il désirait partager son sort et voulait être pendu avec lui. Son dernier vœu fut bien près d'être réa- lisé. Moins d'un an plus tard, Rœderer était compris, le 2 juin 1793, dans la proscription de Pétion et de ses adhérents; il était obligé de se cacher et ne dut la vie qu'au dévouement de quelques amis. Plus heureux que Pétion, il survécut à la tour- mente révolutionnaire, devint comte de l'Empire et se reposa sur la chaise curule du sénateur des tribulations qu'il avait essuyées comme procureur général syndic du département de Paris.

pouvoirs, le dernier mot en pareille matière avait été réservé à la législature, qui était ainsi appelée à se prononcer sur la décision royale.

Louis XVI se trouvait donc forcé de prononcer dans sa propre cause. S'il absolvait Pétion et Manuel, il abandonnait aux colères populaires le conseil général du département qui avait noblement rempli son devoir. S'il confirmait la suspension prononcée, il avait l'air d'exercer une vengeance personnelle et courait le risque de voir sa décision cassée par la Législative.

Plusieurs des conseillers ordinaires du roi opinaient pour la non-confirmation de l'arrêté départemental, et cela dans un double but : d'abord attirer vers le trône les sympathies populaires, ensuite miner l'omnipotence du maire de Paris en couvrant Pétion du ridicule qui s'attache inévitablement à l'homme politique, auquel on refuse le bénéfice d'un facile martyre. Peut-être cet avis eût-il prévalu sans les nouvelles violences de langage et les mesures audacieuses des amis de Pétion. Le dimanche 8 juillet, ceux-ci firent affluer vers l'Assemblée la masse des pétitionnaires parisiens qu'ils avaient toujours à leur disposition.

Le corps législatif sembla d'abord vouloir respecter les formes constitutionnelles; il décréta par deux fois le renvoi pur et simple de toutes les doléances jacobines à la commission des Douze. Mais par deux fois la gauche demanda qu'on revînt sur ce vote. Suivant son habitude, l'Assemblée ne se sentit pas de force à résister plus longtemps à l'insistance de la Montagne. De guerre lasse, elle admit les pétitionnaires à la barre.

Écoutons d'abord la section des Gravilliers :

« Législateurs, une famille éplorée vous redemande un père que des magistrats, par l'abus le plus coupable de leurs devoirs, viennent d'enlever à ses fonctions. Toute la capitale est en deuil, et ce deuil sera bientôt celui de tout l'empire. Nous vous prions de nous rendre un ami, un magistrat fidèle, et de considérer que les circonstances, que la malveillance a choisies pour cet acte de rigueur, sont trop impérieuses pour permettre le moindre retard. »

La section de la place Royale ne s'exprime pas avec moins de vivacité. Son orateur, Tallien, débutait dans les rôles de comparse politique, en attendant qu'il pût être compté parmi les premiers sujets de la troupe démagogique.

« Un grand attentat vient d'être commis. La ville de Paris est dans la douleur... Pétion est suspendu de ses fonctions par un directoire contre-révolutionnaire ; Pétion, notre père, notre ami, est sous le coup d'une accusation. Qu'on nous charge aussi de fers, ils nous paraîtront plus légers lorsque nous les partagerons avec Pétion. Nous venons déposer dans le sein du corps législatif l'adhésion la plus entière à la conduite tenue par le maire et le corps municipal dans les journées antérieures et postérieures au

20 juin... Nous demandons que vous jugiez quelle est l'administration coupable, ou de la municipalité qui a épargné le sang, ou du directoire qui voulait le faire verser. »

Chaque jour des pétitionnaires venaient, non-seulement au nom de Paris, mais encore, prétendaient-ils, au nom de diverses villes de province, réclamer d'un ton impérieux la réintégration immédiate « du sage Pétion et du vertueux Manuel, ces deux colonnes du patriotisme. » Presque toujours ils ne faisaient que répéter un discours qui leur avait été remis tout fait. Oubliant qu'il s'était intitulé délégué de la ville de Dijon, un d'entre eux s'écria : « Si d'ici au 14 juillet on n'a pas rendu aux vainqueurs de la Bastille leur père et leur tribun, la fête de la Liberté sera troublée : nous ignorons où s'arrêtera le désespoir des patriotes. »

A la séance du 11 au soir, on vit de nouveau défiler le ban et l'arrière-ban des sans-culottes de Paris et des départements. Nous ne nous arrêterons pas à décrire le spectacle que présentaient ces députations, composées à peu près invariablement du même personnel et venant débiter les mêmes rapsodies. Une seule mérite une mention particulière ; elle se compose de soixante ouvriers de la section des Gravilliers qui, au retour du Champ de Mars, où ils ont travaillé aux préparatifs de la fédération, défilent pelle sur l'épaule et hotte sur le dos.

Ils résument ainsi leurs demandes, et la naïve

brutalité de leur style répond au négligé de leur tenue :

« Pétion et Manuel restaurés dans leurs fonctions ; le directoire cassé ; La Fayette mis en accusation, et, pour le peuple, les moyens de se constituer *paisiblement et légalement* en état de résistance à l'oppression. »

XXXVI.

Le 12 juillet, l'Assemblée nationale reçut le message royal qui confirmait purement et simplement la suspension du maire et du procureur de la commune.

Presque aussitôt après, le président annonce que Pétion demande à être admis à la barre. L'Assemblée ne saurait faire attendre le *roi du moment*. Il entre donc, salué par de formidables acclamations ; il promène un regard satisfait autour de lui et, prenant l'attitude non d'un humble accusé, mais d'un accusateur triomphant, il commence ainsi :

« Je me présente devant vous avec la sécurité que donne une conscience sans reproche ; je demande une justice sévère, je la demande pour moi, je la demande pour mes persécuteurs. Je n'éprouve pas le besoin de me justifier, mais j'éprouve celui très-impérieux de venger la chose publique...

« Le département m'a rendu un service en me suspendant ; le roi m'en rend un autre en confirmant son arrêté. Rien ne peut m'honorer plus que ce concert de volontés contre un homme de bien... Représentants d'un grand peuple, n'ayez dans cette affaire d'autre clémence que la justice. Punissez-moi, si je suis coupable; vengez-moi, si je suis innocent. J'attends avec une respectueuse confiance le décret solennel que vous allez porter. »

De nouvelles acclamations retentissent, les émeutiers des tribunes crient à tue-tête : *Vive Pétion ! Vive notre ami !* Les honneurs de la séance sont naturellement accordés au maire suspendu ; l'Assemblée charge la commission des Douze de faire son rapport le lendemain et décrète qu'elle statuera ensuite sans désemparer. C'était assez clairement laisser voir en quel sens elle voulait brusquer les choses.

La séance du 13 s'ouvrit, comme d'habitude, à neuf heures; mais le rapport ne devait être lu qu'à midi. Il fallait ne pas laisser l'attention de l'Assemblée se disperser sur d'autres objets ; Brissot demande donc à lire « une pièce de la plus haute importance, un chef-d'œuvre de discussion et de méthode, le réquisitoire du procureur général syndic du département. » L'Assemblée le lui permet. Puis le président annonce qu'il vient de recevoir de Manuel une lettre ainsi conçue :

« Paris, le 13 juillet 1792.

« Messieurs,

« Je sors d'une fièvre brûlante ; on m'apprend que
« le roi a confirmé l'arrêté diffamatoire du dépar-
« tement ; il faut que je sois tout à fait sans force
« pour ne pas vous aller montrer ma conscience et
« vous porter ma tête.

« Mais je m'engage, lorsque j'aurai recouvré un
« peu de santé, à prouver que j'ai fait, le 20 juin,
« mon devoir, et à confondre tous mes vils et lâches
« ennemis, qui ne sont que ceux du peuple.

« Et je n'ai que la force de signer.

« Manuel, procureur de la commune. »

Le président venait d'achever la lecture de cette lettre ridiculement emphatique, dans laquelle Manuel offrait une tête qu'on ne lui demandait pas, lorsque Muraire, rapporteur de la commission des Douze, se présente à la tribune.

Acceptant la plupart des excuses énoncées dans l'exposé de Pétion, il concluait à la levée de la suspension. Quant au procureur de la commune, qui ne s'est point assez *montré pour rétablir le calme,* les Douze croyaient devoir ajourner leur décision jusqu'à ce que Manuel ait été entendu. Le rapporteur, en terminant, rappelait au peuple « que, s'il veut jouir des droits que la Constitution lui a rendus, il ne doit jamais oublier le respect et l'obéissance dus à la loi, aux autorités constituées par lui et pour lui. » Aussi est-il presque unanimement applaudi. Quelques voix cependant s'élèvent contre Pétion. Delfau lui reproche « de n'avoir pas su mourir à son poste, comme le maire d'Étampes l'avait fait quelques mois auparavant. »

A gauche éclatent des exclamations moqueuses, à droite des cris d'approbation; au milieu du tumulte, Dumolard fait entendre cette belle parole : « Les murmures de l'anarchie honorent les mânes du vertueux magistrat. — Ne vaut-il pas mieux, reprend Delfau, mourir honoré que de vivre en lâche et sans honneur? »

Dalmas d'Aubenas attaque surtout, dans la conduite du maire de Paris, ses lâches complaisances à l'égard des violateurs de la loi et l'impatience avec laquelle il a secoué l'autorité départementale qui fait obstacle « à cette dictature qu'on lui destine. » Les récriminations se croisent et s'entre-choquent; les tribunes mêlent leurs murmures, de plus en plus scandaleux, aux violentes interruptions partant à chaque minute et de la droite et de la gauche. La Montagne elle-même proteste contre l'intolérance des spectateurs, qui prétendent empêcher de parler quiconque n'a pas des opinions conformes à leur bon plaisir. Enfin, Girod (de l'Ain), obtenant la parole pour une motion d'ordre, dit : « Les départements jugeront le jugement que nous allons rendre. Les Parisiens nous jugeront eux-mêmes lorsque leur moment d'ivresse

sera passé. Je demande le vote par appel nominal. »
Un autre membre de la droite dépose sur le bureau un projet de décret ainsi conçu :

« L'Assemblée nationale, considérant qu'il est démontré à la France entière que, si la municipalité de Paris a la volonté, elle n'a pas le pouvoir d'empêcher quelques individus des faubourgs Saint-Antoine et Saint-Marcel de se rassembler en armes toutes les fois qu'ils le voudront, décrète qu'à l'avenir elle tiendra ses séances à Rouen ou dans toute autre ville du royaume qui respectera les lois. »

La majorité rejette tous les contre-projets, tous les amendements, refuse de procéder à l'appel nominal et adopte, sans que la droite prenne part au vote, le projet présenté par Muraire. En conséquence, la suspension du maire de Paris, prononcée par l'arrêté départemental du 6 juillet, confirmée par la proclamation royale du 11, est levée.

XXXVII.

Le triomphe de la municipalité fut bruyamment célébré par le maire et le procureur de la commune eux-mêmes, par leurs amis particuliers et par tous les jacobins, au sein du conseil général et de la Législative.

Le 16 juillet, Manuel se présenta à la barre de l'Assemblée. « Si je n'ai pas répondu plus tôt aux *soupçons injurieux* dont j'ai été l'objet, dit-il, c'est que j'étais malade. » Accumulant mensonges sur calomnies, comparaisons ampoulées sur antithèses ridicules, il s'excuse d'entretenir encore les législateurs d'une journée qui n'est, prétend-il, devenue fameuse « que parce que la cour a voulu la grossir de tous ses vices. » Il fait l'éloge de la municipalité et de ces patriotes purs qui sont venus, le 16 juin, planter une pique dans la salle de la maison commune, à côté du maire. « C'était là sa place, s'écrie-t-il; car Minerve en a toujours une. » L'invasion du palais le touche peu; « les palais des rois devraient être ouverts comme les églises, et si Louis XVI avait eu l'âme de Marc Aurèle, il serait descendu dans son jardin pour y goûter un plaisir dont il n'est plus digne... »

La droite accueille par des murmures ces insolentes absurdités; les tribunes les applaudissent à outrance.

Manuel continue : « Jamais il n'y a eu moins de voleurs aux Tuileries que ce jour-là, *les courtisans ayant pris la fuite;* le bonnet rouge a honoré la tête du roi... ce devrait être sa couronne... Tout s'est passé dans le plus grand calme, parce que le maire de Paris a exercé près du trône l'empire de la vertu.

Quant à moi, traversant le jardin des Tuileries sans mon écharpe de procureur de la commune, conversant plutôt que commandant, j'ai été mieux à même d'apaiser les passions. »

Pour faire ressortir la grandeur de sa conduite, Manuel tonne contre celle du roi, contre celle de La Fayette... « Défendez-vous, lui crie la droite, mais ne calomniez pas ! » Après avoir encore calomnié, Manuel s'abandonne à tout le dévergondage de son imagination hyperbolique : « Dès lors s'élève, s'écrie-t-il, dans les lambris du Louvre, au confluent de la liste civile, un autre canal qui creuse dans les ténèbres un cachot à Pétion ; le département, en frappant la municipalité, explique comment, dans la fête de la loi, il représentait la loi sous la figure du crocodile [1].... »

Quelques jours plus tard, l'évêque constitutionnel du Cher, Torné, fit encore de la journée du 20 juin la description suivante :

« Un peuple nombreux s'assemble en armes pour célébrer une fête civique ; il paraît dans le sein du corps législatif ; il y déploie toute la majesté d'un peuple libre. Après avoir offert ses hommages à ses représentants élus, il se rend tranquillement et avec la même dignité chez son représentant héréditaire. Jamais peuple n'avait montré aux yeux d'un monarque tant de force, de dignité, de modération et de respect tout ensemble pour sa personne et pour la

---

1. *Logographe*, p. 211 du t. XIV.

loi. Jamais un roi ne fut plus dignement entouré ; les haillons de la vertu avaient pris la place de la dorure de tous les vices. Ce peuple ne jeta sur le luxe royal que des regards de mépris ; dans ses yeux se mariaient le reproche et l'amour, le mécontentement et la retenue ; sur ses lèvres était la vérité sans injure, et dans ses bras fut la force, la grande force sans attentat... Jamais roi n'eut une cour plus digne d'un père du peuple, et jamais lui-même n'eut une popularité plus touchante et plus calme ; s'il eut un moment de défiance, bientôt elle fit place à la sécurité et se termina par l'admiration [1]. » En terminant, Torné s'élevait contre les suggestions pestiférées de la cour, les horreurs clandestines d'une procédure infernale, les machinations des Feuillants et de tous les animaux nourris à la ménagerie de la liste civile [2].

Le conseil général de la commune, qui, comme nous l'avons vu, avait jeté un blâme sur la conduite de ses deux premiers magistrats en prenant en considération la motion du courageux Cahier, eut

---

[1]. Voir le *Journal des Débats et Décrets*, p. 202, n° 299, et le discours que Torné fit imprimer à l'Imprimerie nationale. Ce discours n'occupe pas moins de vingt-six pages in-8°, toutes sur le même ton.

[2]. L'évêque constitutionnel du Cher, qui était loin, on le voit, de professer la mansuétude évangélique, semble faire ici allusion à un abominable pamphlet, probablement dû à la plume d'un de ses amis, puisqu'il se sert en pleine Assemblée des mêmes expressions que l'ignoble folliculaire. Nous avons re-

à entendre son procureur-syndic se glorifier de nouveau de tout ce qu'il n'avait pas fait, le 20 juin, et des haines qu'il nourrissait contre la royauté constitutionnelle. Le jour de sa réinstallation à l'Hôtel de Ville, Manuel prononça le discours suivant :

« Messieurs,

« Je reprends ma place, parce que je n'ai point mérité de la perdre. Le département et le roi ont pu me suspendre, mais j'étais plus fort qu'eux, j'avais pour moi ma bonne conscience et le suffrage, on ne dit plus des *honnêtes gens*, mais des hommes

trouvé deux éditions de cet écrit. Nous en citons ici tout ce qui peut en être honnêtement extrait, pour faire deviner le reste :

Description de la ménagerie royale d'animaux vivants, établie aux Tuileries, près de la terrasse nationale, avec leurs noms, qualités, couleurs et propriétés.

« Il y a quelque temps qu'il existe dans le château de Henri IV une ménagerie véritablement curieuse, tant par la rareté des animaux qui la composent que par la dépense excessive que son entretien coûte à la nation.

« Le public a examiné les bêtes féroces qui étaient dans leurs cages respectives dans le parc de Versailles. Il peut voir plus commodément et sans se déranger beaucoup, une quantité de quadrupèdes rassemblés au Louvre. Nous allons citer les plus remarquables de ces bêtes féroces, indiquer leurs habitudes et leurs inclinations, leur manière de se nourrir et leurs propriétés. »

Suit la description du royal Veto, du royal Veto femelle, du Delphinus, de la Madame Royale, d'Élisabeth Veto, etc., etc.

de bien. La commune n'a point à applaudir au retour de ses magistrats, c'est une justice qu'on leur a rendue ; ils n'auraient point voulu de grâce. Comme eux, l'Assemblée nationale a fait son devoir. Mon honorable exil m'a procuré un plaisir que je sentirai toute ma vie. J'ai reçu du peuple de ces marques d'estime et d'attachement que les déserteurs de la commune ne recevront jamais à la cour des rois qui n'ont encore que de l'argent à donner. Je n'avais pas besoin de cet encouragement pour le servir, c'est par principe comme par sentiment que j'ai toujours défendu ses droits, et avec mon caractère on ne change jamais. Mon ambition est et sera toujours la même : mériter l'estime des bons citoyens et la haine des méchants. »

XXXVIII.

Sur ces entrefaites fut célébrée la fête de la deuxième fédération. Elle fut aussi morne que la première avait été brillante. Celle de 1790 avait été toute rayonnante de joie et d'espérance, celle de 1792 fut pleine d'angoisses et de troubles. Deux ans auparavant, les cœurs couraient au-devant des cœurs, les partis, à peine dessinés, oubliaient leurs dissentiments dans un embrassement fraternel. Après le 20 juin, les illusions étaient anéanties, les cœurs s'étaient ulcérés, les âmes débordaient d'amertume et de colère.

Nous ne nous arrêterons pas à décrire la fédération du 14 juillet 1792. Les cérémonies officielles se ressemblent toutes. Les pensées secrètes des acteurs ne sont que trop souvent en contradiction flagrante avec les discours qu'ils prononcent; on prête des serments que l'on sait ne pouvoir tenir; on déclare pompeusement que l'ère des révolutions vient de se clore, au moment même où l'on s'apprête à la rouvrir; on a sur les lèvres des paroles de concorde et de réconciliation, au fond du cœur des sentiments de haine et de vengeance.

L'Assemblée avait réglé, par un décret du 12 juillet, le cérémonial qui devait être observé dans la fête du 14. Du haut de l'estrade élevée au milieu du Champ de Mars, le président lut la formule du serment, chaque député répondit individuellement; puis le roi prêta celui que la constitution lui avait particulièrement imposé; enfin le serment civique fut prononcé par le commandant de la garde nationale parisienne, et tous les citoyens répétèrent en un chœur général ces mots sacramentels : *Je le jure.*

Le roi était placé à gauche du président et sans intermédiaire. Louis XVI était triste et résigné. Lorsqu'entouré des membres de l'Assemblée nationale il monta les marches de l'autel de la patrie, on crut voir, suivant la belle expression de Mme de Staël, « la victime s'offrant volontairement au sacrifice. » Tous les honneurs populaires furent pour Pétion, le véritable triomphateur du jour, traînant, pour ainsi dire, le roi de France derrière son char, comme autrefois César victorieux traînait les vaincus de la Gaule.

On entendait hurler de tous côtés : *Pétion ou la mort!* on voyait ces mots écrits sur toutes les bannières ; les hommes à pique, les émeutiers des faubourgs les portaient inscrits à la craie sur leurs chapeaux. A voir l'enthousiasme dont il était l'objet, Pétion put croire à l'éternité de sa popularité. Un an après, jour pour jour, il était mis hors la loi, et les mêmes individus criaient : *Pétion à la mort* [1] !

---

[1]. Proscrit le 2 juin, mis hors la loi le 16 juillet 1793, Pétion erra, avec plusieurs de ses amis Girondins, en Normandie, en Bretagne et dans les environs de Bordeaux. Traqué d'asile en asile, il finit par se donner la mort de ses propres mains. On retrouva, dans un champ de blé, son cadavre à moitié dévoré par les loups.

Le 19 janvier 1793, Manuel, en butte aux menaces les plus violentes des tribunes de la Convention, donnait sa démission de représentant et se retirait à Montargis, sa ville natale. Il faillit y être écharpé par la populace. Arraché tout sanglant des mains des assassins, il fut conduit prisonnier à Orléans, de là traduit au tribunal révolutionnaire de Paris et condamné à mort, le 27 brumaire an II (17 novembre 1793).

NOTES

I

LE RETOUR DE VARENNES

RACONTÉ PAR PÉTION.[1]

(Voir page 45.)

« Je fus nommé avec Maubourg et Barnave, pour aller au-devant du roi et des personnes qui l'accompagnaient.

« Cette nomination avait été faite sur la présentation des comités de constitution et militaire réunis.

« Je ne fis d'abord aucune attention à la manière dont cette ambassade était composée ; depuis longtemps je n'avais aucune liaison avec Barnave, je n'avais jamais fréquenté Maubourg.

« Maubourg connaissait beaucoup madame de Tourzel, et on ne peut se dissimuler que Barnave avait déjà conçu des projets. Ils crurent très-politique de se mettre sous l'abri d'un homme qui était connu pour l'ennemi de toute intrigue et l'ami des bonnes mœurs et de la vertu.

---

1. L'authenticité de ce récit ne saurait être révoquée en doute. La pièce originale a été saisie dans les papiers mêmes de Pétion, au moment de sa fuite après le 2 juin 1793. Elle est entièrement écrite de sa main ; nous en avons respecté jusqu'aux fautes d'orthographe.

« Deux heures après ma nomination, je me rendis chez M. Maubourg, lieu du rendez-vous.

« A peine y fus-je entré que Duport arriva, que La Fayette arriva ; je ne fus pas peu surpris de voir Duport et La Fayette causer ensemble familièrement, amicalement. Je savais qu'ils se détestaient et leur coalition n'était pas encore publique. Arriva aussi un homme que j'ai toujours estimé, M. Tracy.

« On s'entretint beaucoup des partis qu'on prendrait envers le roi ; chacun disait que « ce gros cochon-là était « fort embarrassant. L'enfermera-t-on? disait l'un: rè- « gnera-t-il? disait l'autre ; lui donnera-t-on un conseil?»

« La Fayette faisait des plaisanteries, ricanait ; Duport s'expliquait peu ; au milieu d'une espèce d'abandon, j'apercevais clairement beaucoup de contrainte. Je ne me laissai point aller avec des gens qui visiblement jouaient *serré* et qui déjà sans doute s'étaient fait un plan de conduite.

« Barnave se fit attendre très-longtemps. Nous ne partîmes qu'à quatre heures du matin.

« Nous éprouvâmes à la barrière un petit retard, parce qu'on ne laissait passer personne, et je vis le moment où nous serions obligés de rétrograder.

« M. Dumas était avec nous. Nous fûmes le prendre chez lui.

« L'Assemblée, également sur la présentation des comités, lui avait confié le commandement général de toutes les forces que nous jugerions utile et nécessaire de requérir.

« Cette nomination n'est pas indifférente. M. Dumas était la créature des Lameth.

« Nous voilà donc partis par un très-bon temps. Les postillons, qui savaient l'objet de notre voyage, nous conduisaient avec la plus grande rapidité.

« Dans les villages, dans les bourgs, dans les villes, partout sur notre passage, on nous donnait des témoignages de joie, d'amitié et de respect.

« Dans tout le cours de la route, nous n'arrêtâmes que le temps nécessaire pour manger promptement un morceau. A La Ferté-sous-Jouarre, une procession ralentit un instant notre marche : nous mîmes pied à terre, nous gagnâmes une auberge pour déjeuner. Les officiers municipaux vinrent nous y joindre; un grand nombre de citoyens nous entourèrent; nous ne couchâmes point.

« Arrivés à Dormans où nous nous disposions à dîner, des courriers vinrent nous dire que le roi était parti le matin de Châlons et qu'il devait être près d'Épernay; d'autres assurèrent qu'il avait été suivi dans sa marche par les troupes de Bouillé et qu'il allait d'un instant à l'autre être enlevé. Plusieurs, pour confirmer ce fait, soutinrent avoir vu de la cavalerie *traverser dans les bois*.

« Rien ne nous paraissait plus naturel que cette nouvelle tentative de M. de Bouillé; avec son caractère connu, « il voudra, disions-nous, plutôt périr que de l'abandonner. »

« Cependant le roi avançait dans l'intérieur; il laissait déjà derrière lui Châlons, et il nous paraissait difficile de tenter un coup de main et surtout de réussir; de sorte

12.

qu'en combinant toutes les circonstances nous penchions davantage à croire que M. de Bouillé *n'hasarderait pas une housarderie* semblable, qui pouvait d'ailleurs compromettre la personne du roi.

« Nous ne nous donnâmes que le temps de manger debout un morceau, de boire un coup, et nous nous mîmes en marche.

« Mes compagnons de voyage avaient usé avec moi dans tout le cours du voyage de beaucoup de discrétion et de réserve ; nous avions parlé de choses indifférentes. Il n'y avait eu qu'un seul instant qui avait éveillé en moi quelques soupçons. On avait remis sur le tapis la question de savoir ce qu'on ferait du roi. Maubourg avait dit : « Il est bien difficile de prononcer ; c'est une bête qui « s'est laissé entraîner ; il est bien malheureux, en vérité, « il fait pitié. » Barnave observait qu'en effet on pouvait le regarder comme un imbécile : « Qu'en pensez-vous, « me dit-il, Pétion ? » Et dans le même moment il fit un signe à Maubourg, mais de ces signes d'intelligence pour celui à qui on les fait et de défiance pour celui de qui on ne veut pas être vu ; cependant, il était possible que, connaissant l'austérité et l'inflexibilité de mes principes, il ne voulait dire autre chose sinon : Pétion va condamner avec toute la rigueur de la loi et comme si c'était un simple citoyen.

« Je répondis néanmoins que je ne m'écartais pas de l'idée de le traiter comme un imbécile, incapable d'occuper le trône, qui avait besoin d'un tuteur, que ce tuteur pouvait être un conseil national. Là-dessus des objections, des réponses, des répliques ; nous parlâmes de la régence, de la difficulté du choix d'un régent.

« M. Dumas n'était pas dans la même voiture que nous. Sortant de Dormans, M. Dumas examinait tous les endroits comme un général d'armée. « Si M. de Bouillé « arrive, disait-il, il ne peut prendre que par là ; on peut « l'arrêter à cette hauteur et ce défilé ; sa cavalerie ne « peut plus manœuvrer. » Il fit même une disposition militaire. Il donna ordre à la garde nationale d'un bourg de prendre tel et tel poste.

« Ces précautions paraissaient non-seulement inutiles, mais ridicules. Nous nous en divertîmes, et je dois dire que M. Dumas lui-même s'en amusait. Il n'en paraissait pas moins sérieux avec les habitants des campagnes qui s'attendaient sérieusement à combattre.

« Le zèle qui animait ces bonnes gens était vraiment admirable; ils accouraient de toutes parts, vieillards, femmes et enfants : les uns avec des broches, avec des faux, les autres avec des bâtons, des sabres, des mauvais fusils, ils allaient comme à la noce; des maris embrassaient leurs femmes leur disant : « Eh bien! s'il le faut, « nous irons à la frontière tuer ces gueux, ces j... f.....- « là; ah! nous l'aurons, ils ont beau faire. » — Ils couraient aussi vite que la voiture; ils applaudissaient, ils criaient : Vive la nation! J'étais émerveillé, attendri de ce sublime spectacle.

« Les courriers se multipliaient, se pressaient, nous disaient : Le roi approche. A une lieue, une lieue et demie d'Épernay, sur une très-belle route, nous apercevons de loin un nuage de poussière, nous entendons un grand bruit; plusieurs personnes approchent de notre voiture et nous crient : Voilà le roi ! Nous faisons ralentir le pas des chevaux; nous avançons; nous apercevons un groupe immense; nous mettons pied à terre. La voiture du roi s'arrête, nous allons au-devant; l'huissier nous précède et le cérémonial s'observe d'une manière imposante. Aussitôt qu'on nous aperçoit on s'écrie : *Voilà les députés de l'Assemblée nationale!* On s'empresse de nous faire place partout; on donne des *signals* d'ordre et de silence. Le cortége était superbe : des gardes nationales à cheval, à pied, avec uniforme, sans uniforme, des armes de toutes espèces; le soleil sur son déclin réfléchissait sa lumière sur ce bel ensemble, au milieu d'une paisible campagne; la grande circonstance, je ne sais, tout cela était imposant et faisait naître des idées qui ne se calculent pas; *mais que le sentiment était diversifié et exagéré!* Je ne puis peindre le respect dont nous fûmes environnés. Quel ascendant puissant, me disais-je, a cette Assemblée! quel mouvement elle a imprimé! que ne peut-elle pas faire ! Comme elle serait coupable de ne pas répondre à cette confiance sans bornes, à cet amour si touchant!

« Au milieu des chevaux, du cliquetis des armes, des applaudissements de la foule que l'empressement attirait, que la crainte de nous presser éloignait, nous arrivâmes à la portière de la voiture. Elle s'ouvrit sur-le-champ. Des bruits confus en sortaient. La reine, Madame Élisabeth paraissaient vivement émues, éplorées : « Messieurs,
« dirent-elles avec précipitation, avec oppression, les
« larmes aux yeux; messieurs! Ah ! monsieur Maubourg!

« en lui prenant la main en grâce ; ah ! monsieur, pre-
« nant aussi la main à Barnave ; ah ! monsieur, Madame
« Élisabeth appuyant seulement la main sur la mienne,
« qu'aucun malheur n'arrive, que les gens qui nous ont
« accompagnés ne soient pas victimes, qu'on n'attente
« pas à leurs jours ! Le roi n'a point voulu sortir de
« France ! — Non, messieurs, dit le roi, en parlant avec
« volubilité, je ne sortais pas, je l'ai déclaré, cela est
« vrai. » Cette scène fut vive, ne dura qu'une minute ;
mais comme cette minute me frappe ! Maubourg répondit ; je répondis par des : *Ah !* par des mots insignifiants
et quelques signes de dignité sans dûreté, de douceur
sans afféterie, et, brisant ce colloque, prenant le caractère de notre mission, je l'annonçai au roi en peu de
mots et je lui lus le décret dont j'étais porteur. Le plus
grand silence régnait dans cet instant.

« Passant de l'autre côté de la voiture, je demandai du
silence, je l'obtins et je donnai aux citoyens lecture de
ce décret ; il fut applaudi. M. Dumas prit à l'instant
le commandement de toutes les gardes qui jusqu'à ce
moment avaient accompagné le roi. Il y eut de la part
de ces gardes une soumission admirable. C'était avec joie
qu'elles reconnaissaient le chef militaire qui se plaçait à
leur tête ; l'Assemblée l'avait désigné ; il semblait que
c'était pour eux un objet sacré.

« Nous dîmes au roi qu'il était dans les convenances
que nous prissions place dans sa voiture. Barnave et moi
nous y entrâmes. A peine *y eurent nous mis* le premier
pied que nous dîmes au roi : « Mais, Sire, nous allons

« vous gêner, vous incommoder; il est impossible que
« nous trouvions place ici. » Le roi nous répondit : « Je
« désire qu'aucune des personnes qui m'ont accompagné
« ne sorte, je vous prie de vous asseoir, nous allons nous
« presser, vous trouverez place. »

« Le roi, la reine, le prince royal étaient sur le derrière. Madame Élisabeth, madame de Tourzel et Madame étaient sur le devant. La reine prit le prince sur ses genoux, Barnave se plaça entre le roi et la reine, madame de Tourzel mit Madame entre ses jambes, et je me plaçai entre Madame Élisabeth et madame de Tourzel.

« Nous n'avions pas fait dix pas qu'on nous renouvelle les protestations que le roi ne voulait pas sortir du royaume et qu'on nous témoigne les plus vives inquiétudes sur le sort des trois gardes du corps qui étaient sur le siége de la voiture. Les paroles se pressaient, se croisaient; chacun disait la même chose; il semblait que c'était le mot du *gué*; mais il n'y avait aucune mesure, aucune dignité dans cette conversation, et je n'aperçus surtout sur aucune des figures cette grandeur souvent *très-imprimante* que donne le malheur à des âmes élevées.

« Le premier caquetage passé, j'aperçus un air de simplicité et de famille qui me plut; il n'y avait plus là de représentation royale, il existait une aisance et *une bonne hommie domestique* : la reine appelait Madame Élisabeth ma petite sœur, Madame Élisabeth lui répondait de même. Madame Élisabeth appelait le roi mon frère, la reine faisait danser le prince sur ses genoux. Madame, quoique plus réservée, jouait avec son frère; le roi regardait tout cela avec un air assez satisfait, quoique peu ému et peu sensible.

« J'aperçus, en levant les yeux au ciel de la voiture, un chapeau galonné dans le filet; c'était, je n'en doute pas, celui que le roi avait dans son déguisement, et j'avoue que je fus révolté qu'on eût laissé subsister cette trace qui rappelait une action dont on devait être empressé et jaloux d'anéantir jusqu'au plus léger souvenir. Involontairement, je portais de temps à autre mes regards sur le chapeau; j'ignore si on s'en aperçut.

« J'examinai aussi le costume des voyageurs. Il était impossible qu'il fût plus mesquin. Le roi avait un habit brun peluché, du linge fort sale; les femmes avaient de petites robes très-communes et du matin.

« Le roi parla d'un accident qui venait d'arriver à un seigneur qui venait d'être égorgé, et il en paraissait très-affecté. La reine répétait que c'était abominable, qu'il faisait beaucoup de bien dans sa paroisse et que c'étaient ses propres habitants qui l'avaient assassiné.

« Un autre fait l'affectait beaucoup : elle se plaignait amèrement des soupçons qu'on avait manifestés dans la route contre elle. « Pourriez-vous le croire? nous disait-
« elle; je vais pour donner une cuisse de volaille à un
« garde national qui paraissait nous suivre avec quelque
« attachement; eh bien, on crie au garde national : « Ne
« mangez pas, défiez-vous! » en faisant entendre que
« cette volaille pouvait être empoisonnée. Oh! j'avoue
« que j'ai été indignée de ce soupçon, et à l'instant j'ai

« distribué de cette volaille à mes enfants, j'en ai mangé
« moi-même. »

« Cette histoire à peine finie : « Messieurs, nous dit-
« elle, nous avons été ce matin à la messe à Châlons,
« mais une messe constitutionnelle. » Madame Élisabeth
appuya, le roi ne dit un mot. Je ne pus pas m'empêcher
de répondre que cela était bien, que ces messes étaient
les seules que le roi dût entendre; mais j'avoue que je
fus très-mécontent de ce genre de persiflage et dans les
circonstances où le roi se trouvait.

« La reine et Madame Élisabeth revenaient sans cesse
aux gardes du corps qui étaient sur le siége de la voiture,
et témoignaient les plus vives inquiétudes.

« Quant à moi, dit madame de Tourzel, qui avait
« gardé jusqu'alors le silence, mais avec un ton résolu
« et très-sec, j'ai fait mon devoir en accompagnant le roi
« et en ne quittant pas les enfants qui m'ont été confiés.
« On fera de moi tout ce qu'on voudra, mais je ne me
« reproche rien. Si c'était à recommencer, je recommen-
« cerais encore. »

« Le roi parlait très-peu, et la conversation devint plus
particulière; la reine *parlat* à Barnave et Madame Élisabeth me *parla*, mais comme si on se fût distribué les
rôles en se disant : Chargez-vous de votre voisin, je vais
me charger du mien.

« Madame Élisabeth me fixait avec des yeux attendris,
avec cet air de langueur que le malheur donne et qui
inspire un assez vif intérêt. Nos yeux se rencontraient
quelquefois avec une espèce d'intelligence et d'attraction,

la nuit se *fermait*, la lune commençait à répandre *cette* clarté douce. Madame Élisabeth prit Madame sur ses genoux, elle la plaça ensuite moitié sur son genou, moitié sur le mien; sa tête fut soutenue par ma main, puis par la sienne. Madame s'endormit, j'allongeai mon bras, Madame Élisabeth allongea le sien sur le mien. Nos bras étaient enlacés, le mien touchait sous son *esele*. Je sentais des mouvements qui se précipitaient, une chaleur qui traversait les vêtements; les regards de Madame Élisabeth me semblaient plus touchants. J'apercevais un certain abandon dans son maintien, ses yeux étaient humides, la mélancolie se mêlait à une espèce de volupté. Je puis me tromper, on peut facilement confondre la sensibilité du malheur avec la sensibilité du plaisir; mais je pense que si nous eussions été seuls, que si, comme par enchantement, tout le monde eût disparu, elle se serait laissé aller dans mes bras et se serait abandonnée aux mouvements de la nature.

« Je fus tellement frappé de cet état que je me disais : Quoi! serait-ce un artifice pour m'acheter à ce prix? Madame Élisabeth serait-elle convenue de sacrifier son honneur pour me faire perdre le mien? Oui, à la cour rien ne coûte, on est capable de tout; la reine a pu arranger le plan. Et puis, considérant cet air de naturel, l'amour-propre aussi m'insinuant que je pouvais lui plaire, qu'elle était dans cet âge où les passions se font sentir, je me persuadais, et j'y trouvais du plaisir, que des émotions vives la tourmentaient, qu'elle désirait elle-même que nous fussions sans témoins, que je lui *fis* ces douces

13

instances, ces caresses délicates qui vainquent la pudeur sans l'offenser et qui amènent la défaite sans que la délicatesse s'en alarme, où le trouble et la nature sont seuls complices.

« Nous allions lentement; un peuple nombreux nous accompagnait. Madame Élisabeth m'entretenait des gardes du corps qui les avaient accompagnés; elle m'en parlait avec un intérêt tendre; sa voix avait je ne sais quoi de flatteur. Elle entrecoupait quelquefois *ces* mots de manière à me troubler. Je lui répondais avec une égale douceur, cependant sans faiblesse, avec un genre d'austérité qui n'avait rien de farouche; je me gardais bien de compromettre mon caractère; je donnais tout ce qu'il fallait à la position dans laquelle je croyais la voir, mais sans néanmoins donner assez pour qu'elle pût penser, même soupçonner, que *rien altérât* jamais mon opinion, et je pense qu'elle le sentit à merveille, qu'elle vit que les tentations les plus séduisantes seraient inutiles, car je remarquais un certain refroidissement, une certaine sévérité qui tient souvent chez les femmes à l'amour-propre irrité.

« Nous arrivions insensiblement à Dormans. J'observai plusieurs fois Barnave, et quoique la *demie clarté* qui régnait ne me permît pas de distinguer avec une grande précision, son maintien avec la reine me paraissait honnête, réservé, et la conversation ne me semblait pas mystérieuse.

« Nous entrâmes à Dormans entre minuit et une heure; nous descendîmes dans l'auberge où nous avions mangé un morceau, et cette auberge, quoique très-passable pour un petit endroit, n'était guère propre à recevoir la famille royale.

« J'avoue cependant que je n'étais pas fâché que la cour connût ce que c'était qu'une auberge ordinaire.

« Le roi descendit de voiture, et nous descendîmes successivement ; il n'y eut aucun cri de : Vive le roi ! et on criait toujours : Vive la nation ! vive l'Assemblée nationale ! quelquefois : Vive Barnave ! vive Pétion ! Cela eut lieu pendant toute la route.

« Nous montâmes dans les chambres hautes ; des sentinelles furent posées à l'instant à toutes les portes. Le roi, la reine, Madame Élisabeth, le prince, Madame, madame de Tourzel soupèrent ensemble ; MM. Maubourg, Barnave, Dumas et moi nous soupâmes dans un autre appartement : nous fîmes nos dépêches pour l'Assemblée nationale ; je me mis dans un lit à trois heures du matin ; Barnave vint coucher dans le même lit. Déjà j'étais endormi. Nous nous levâmes à cinq heures.

« Le roi était seul dans une chambre où il y avait un mauvais lit d'auberge. Il passa la nuit dans un fauteuil.

« Il était difficile de dormir dans l'auberge, car les gardes nationales et tous les habitants des environs étaient autour à chanter, à boire et danser des rondes.

« Avant de partir, MM. Dumas, Barnave, Maubourg et moi, nous passâmes en revue les gardes nationales ; nous fûmes très-bien accueillis.

« Nous montâmes en voiture entre cinq et six heures, et je me plaçai cette fois entre le roi et la reine. Nous étions fort mal à l'aise. Le jeune prince venait sur mes genoux, jouait avec moi; il était fort gai et surtout fort remuant.

« Le roi cherchait à causer. Il me fit d'abord de ces questions oiseuses pour entrer ensuite en matière. Il me demanda si j'étais marié, je lui dis que oui ; il me demanda si j'avais des enfants, je lui dis que j'en avais un qui était plus âgé que son fils. Je lui disais de temps en temps : « Regardez ces paysages, comme ils sont « beaux! » Nous étions en effet sur des coteaux admirables où la vue était variée, étendue; la Marne coulait à nos pieds. « Quel beau pays, m'écriai-je, que la « France! il n'est pas dans le monde de royaume qui « puisse lui être comparé. » Je lâchais ces idées à dessein ; j'examinais quelle impression elles faisaient sur la physionomie du roi ; mais sa figure est toujours froide, inanimée d'une manière vraiment désolante, et, à vrai dire, cette masse de chair est insensible.

« Il voulut me parler des Anglais, de leur industrie, du génie commercial de cette nation. Il articula une ou deux phrases, ensuite il s'embarrassa, s'en aperçut et rougit. Cette difficulté à s'exprimer lui donne une timidité dont je m'aperçus plusieurs fois. Ceux qui ne le connaissent pas seraient tentés de prendre cette timidité pour de la stupidité ; mais on se tromperait : il est très-rare qu'il lui échappe une chose déplacée, et je ne lui ai pas entendu dire une sottise.

« Il s'appliquait beaucoup à parcourir des cartes géographiques qu'il avait, et il disait : « Nous sommes dans « tel département, dans tel district, dans tel endroit. »

« La reine causa aussi avec moi d'une manière *unie* et familière; elle me parla aussi de l'éducation de ses enfants. Elle en parla en mère de famille et en femme assez instruite. Elle exposa des principes très-justes en éducation. Elle dit qu'il fallait éloigner de l'oreille des princes toute flatterie, qu'il ne fallait jamais leur dire que la vérité. Mais j'ai su depuis que c'était le jargon de mode dans toutes les cours de l'Europe. Une femme très-éclairée me rapportait qu'elle avait vu, et assez familièrement, cinq ou six princesses qui toutes lui avaient tenu le même langage, sans pour cela s'occuper une minute de l'éducation de leurs enfants.

« Au surplus, je ne fus pas longtemps à m'apercevoir que tout ce qu'elle me disait était extrêmement superficiel, et il ne lui échappait aucune idée forte ni de caractère; elle n'avait, dans aucun sens, ni l'air, ni l'attitude de sa position.

« Je vis bien cependant qu'elle désirait qu'on lui crût du caractère; elle répétait assez souvent qu'il fallait en avoir, et il se présenta une circonstance où elle me fit voir qu'elle le faisait consister en si peu de chose que je demeurai convaincu qu'elle n'en avait pas.

« Les glaces étaient toujours baissées; nous étions cuits par le soleil et étouffés par la poussière; mais le peuple des campagnes, les gardes nationales nous suivant processionnellement, il était impossible de faire autrement, parce qu'on voulait voir le roi.

« Cependant la reine saisit un moment pour baisser le *sthort*. Elle mangeait alors une cuisse de pigeon. Le

peuple murmure; madame Élisabeth *fut pour le lever*, la reine s'y oppose en disant : « Non, il faut du caractère. » Elle saisit l'instant *mathématique*, où le peuple ne se plaignait plus, pour lever elle-même le *sthort* et pour faire croire qu'elle ne le levait pas parce qu'on l'avait demandé; elle jeta par la portière l'os de la cuisse de pigeon et elle répéta ces propres expressions : « Il faut avoir du carac-
« tère jusqu'au bout. »

« Cette circonstance est minutieuse, mais je ne puis pas dire combien elle m'a frappé.

« A l'entrée de La Ferté-sous-Jouarre, nous trouvâmes un grand concours de citoyens qui criaient : « Vive la
« Nation ! vive l'Assemblée nationale ! vive Barnave ! vive
« Pétion ! » J'apercevais que ces cris faisaient une impression désagréable à la reine, surtout à madame Élisabeth. Le roi y paraissait insensible, et l'embarras qui régnait sur leurs figures m'embarrassait moi-même.

« Le maire de La Ferté-sous-Jouarre nous avait fait prévenir qu'il recevrait le roi, et le roi avait accepté cette offre. La maison du maire est extrêmement jolie, la Marne en baigne les murs. Le jardin qui accompagne cette maison est bien distribué, bien soigné, et la terrasse qui est sur le bord de la rivière est agréable.

« Je me promenai avec madame Élisabeth sur cette terrasse avant le dîner, et là je lui parlai avec toute la franchise et la véracité de mon caractère ; je lui représentai combien le roi était mal entouré, mal conseillé ; je lui parlai de tous les intrigants, de toutes les manœuvres de la cour avec la dignité d'un homme libre et le dédain d'un homme sage. Je mis de la force, de la persuasion dans l'expression de mes sentiments, et l'indignation de la vertu lui rendit sensible et attachant le langage de la raison; elle parut attentive à ce que je lui disais; elle en parut touchée, elle se plaisait à mon entretien, et je me plaisais à l'entretenir. Je serais bien surpris si elle n'avait pas une belle et bonne âme, quoique très-imbue des préjugés de naissance et gâtée par les vices d'une éducation de cour.

« Barnave causa un instant avec la reine, mais, à ce qu'il me parut, d'une manière assez indifférente.

« Le roi vint lui-même sur la terrasse nous engager à dîner avec lui. Nous conférâmes, MM. Maubourg, Barnave et moi, pour savoir si nous accepterions. « Cette « familiarité, dit l'un, pourrait paraître suspecte. — « Comme ce n'est pas l'étiquette, dit l'autre, on pourrait « croire que c'est à l'occasion de la situation malheureuse « qu'il nous a invités. » Nous convînmes de refuser, et nous fûmes lui dire que nous avions besoin de nous retirer pour notre correspondance, ce qui nous empêchait de répondre à l'honneur qu'il nous faisait.

« On servit le roi ainsi que sa famille dans une salle séparée; on nous servit dans une autre. Les repas furent splendides. Nous nous mîmes à cinq heures en marche. En sortant de La Ferté, il y eut du mouvement et du bruit autour de la voiture. Les citoyens forçaient la garde nationale, la garde nationale voulait empêcher d'approcher. Je vis un de nos députés, Kervelegan, qui perçait la foule, qui s'échauffait avec les gardes nationaux qui cherchaient à l'écarter et qui approcha de la portière en jurant, en disant : « Pour une brute comme celle-là, « voilà bien du train. » J'avançai ma tête hors de la portière pour lui parler ; il était très-échauffé ; il me dit : « Sont-ils tous là ? Prenez garde, car on parle encore de « les enlever ; vous êtes là environnés de gens bien inso- « lents ! » Il se retira et la reine me dit d'un air très-piqué et un peu effrayé : « Voilà un homme bien mal- « honnête ! » Je lui répondis qu'il se fâchait contre la garde qui avait agi brusquement à son égard. Elle me parut craindre, et le jeune prince jeta deux ou trois cris de frayeur.

« Cependant nous cheminions tranquillement. La reine, à côté de qui j'étais, m'adressa fréquemment la parole, et j'eus occasion de lui dire avec toute franchise ce que l'on pensait de la cour, ce que l'on disait de tous les intrigants qui fréquentaient le Château.

« Nous parlâmes de l'Assemblée nationale, du côté droit, du côté gauche, de Malouet, de Maury, de Cazalès, mais avec cette aisance que l'on met avec ses amis. Je ne me gênai en aucune manière ; je lui rapportai plusieurs propos qu'on ne cessait de tenir à la cour, qui devenaient publics et qui indisposaient beaucoup le peuple ; je lui citai les journaux que lisait le roi. Le roi, qui entendait très-bien toute cette conversation, me dit : « Je vous as- « sure que je ne lis pas plus l'*Ami du roi* que Marat. »

« La reine paraissait prendre le plus vif intérêt à cette discussion ; elle l'excitait, elle l'animait, elle faisait des réflexions assez fines, assez méchantes.

« Tout cela est fort bon, me dit-elle; on blâme beau-
« coup le roi, mais on ne sait pas assez dans quelle posi-
« tion il se trouve; on lui fait à chaque instant des récits
« qui se contredisent, il ne sait que croire; on lui donne
« successivement des conseils qui se croisent et se dé-
« truisent, il ne sait que faire : comme on le rend mal-
« heureux, sa position n'est pas tenable; on ne l'entre-
« tient en même temps que de malheurs particuliers, que
« de meurtres; c'est tout cela qui l'a déterminé à quitter
« la capitale. La couronne, m'ajouta-t-elle, est en suspens
« sur sa tête. Vous n'ignorez pas qu'il y a un parti qui ne
« veut pas de roi, que ce parti grossit de jour en jour. »

« Je crus très-distinctement apercevoir l'intention de la
reine en laissant échapper ces derniers mots; pour mieux
dire, je ne pus pas me méprendre sur l'application qu'elle
voulait en faire.

« Eh bien! lui dis-je, Madame, je vais vous parler avec
« toute franchise, et je pense que je ne vous serai pas
« suspect. Je suis un de ceux que l'on désigne sous le
« titre de républicains et, si vous le voulez, un des chefs
« de ce parti. Par principe, par sentiment, je préfère le
« gouvernement républicain à tout autre. Il serait trop
« long de développer ici mon idée, car il est telle ou telle
« république que j'aimerais moins que le despotisme d'un
« seul. Mais il n'est que trop vrai, je ne demande pas que
« vous en conveniez, mais il n'est que trop vrai que
« presque partout les rois ont fait le malheur des hommes;
« qu'ils ont regardé leurs semblables comme leur pro-
« priété; qu'entourés de courtisans, de flatteurs, ils

« échappent rarement aux vices de leur éducation pre-
« mière. Mais, madame, est-il exact de dire qu'il existe
« maintenant un parti républicain qui veuille renverser
« la Constitution actuelle pour en élever une autre sur
« ses ruines? On se plaît à le répandre pour avoir le pré-
« texte de former également un autre parti hors la Con-
« stitution, un parti royaliste non constitutionnel, pour
« exciter des troubles intérieurs. Le piége est trop gros-
« sier. On ne peut pas, de bonne foi, se persuader que le
« parti appelé républicain soit redoutable; il est composé
« d'hommes sages, d'hommes à principes d'honneur, qui
« savent calculer et qui ne hasarderaient pas un boule-
« versement général qui pourrait conduire plus facile-
« ment au despotisme qu'à la liberté.

« Ah ! Madame, que le roi eût été bien conduit, s'il eût
« favorisé sincèrement la révolution ! Les troubles qui
« nous agitent n'existeraient pas, et déjà la Constitution
« marcherait, les ennemis du dehors nous respecteraient;
« le peuple n'est que trop porté à chérir et idolâtrer ses
« rois. »

« Je ne puis dire avec quelle énergie, avec quelle abondance *d'âme* je lui parlai; j'étais animé par les circonstances et surtout par l'idée que les germes de la vérité
que je jetais pourraient fructifier, que la reine se sou-
viendrait de ce moment d'entretien.

« Je m'expliquai enfin très-clairement sur l'évasion du
roi. La reine, Madame Élisabeth répétaient souvent que le
roi avait été libre de voyager dans le royaume, que son
intention n'avait jamais été d'en sortir.

« Permettez-moi, disais-je à la reine, de ne pas péné-
« trer dans cette intention. Je suppose que le roi se fût
« arrêté d'abord sur la frontière ; il se serait mis dans
« une position à passer d'un instant à l'autre chez l'é-
« tranger ; il se serait peut-être trouvé forcé de le faire, et
« puis, d'ailleurs, le roi n'a pas pu se dissimuler que son
« absence pouvait occasionner les plus grands désordres.
« Le moindre inconvénient de son éloignement de l'As-
« semblée nationale était d'arrêter *tout court* la marche
« des affaires. »

« Je ne me permis pas néanmoins une seule fois de
laisser entrevoir mon avis sur le genre de peine que je
croirais applicable à un délit de cette nature.

« A mon tour je mis quelque affectation à rappeler le
beau calme qui avait existé dans Paris à la nouvelle du
départ du roi. Ni la reine, ni Madame Élisabeth ne répondirent jamais un mot sur cela. Elles ne dirent pas que
rien n'était plus heureux ; je crus même apercevoir qu'elles
en étaient très-piquées ; elles eurent au moins la bonne
foi de ne pas paraître contentes.

« Nous arrivâmes à Meaux de bonne heure. Le roi, sa
famille et nous, nous descendîmes à l'évêché. L'évêque
était constitutionnel, ce qui ne dut pas beaucoup plaire
au roi ; mais il ne donna aucun signe de mécontentement.
Des sentinelles furent posées à toutes les issues.

« Le roi soupa très-peu, se retira de bonne heure dans
son appartement. Comme il n'avait pas de linge, il em-
prunta une chemise à l'huissier qui nous accompagnait.

« Nous nous fîmes servir dans nos chambres ; nous

mangeâmes à la hâte un morceau et nous fîmes nos dépêches. Nous partîmes de Meaux à six heures du matin.

« Je repris ma place première, entre Madame Élisabeth et madame de Tourzel, et Barnave se plaça entre le roi et la reine. Jamais journée ne fut plus longue et plus fatigante. La chaleur fut extrême et des tourbillons de poussière nous enveloppaient. Le roi m'offrit et me versa à boire plusieurs fois. Nous restâmes cinq heures entières en voiture sans descendre un moment. Ce qui me surprit beaucoup, c'est que la reine, Mademoiselle, Madame Élisabeth et Madame de Tourzel ne manifestèrent aucun besoin.

« Le jeune prince lâcha deux ou trois fois de l'eau. C'était le roi lui-même qui lui déboutonna sa culotte et qui le faisait pisser dans une espèce de grande tasse d'argent. Barnave tint cette tasse une fois.

« On a prétendu que la voiture renfermait des espèces de commodités à l'anglaise. Cela peut être, mais je ne m'en suis pas aperçu. Une chose que je remarquai, c'est que Mademoiselle se mit constamment sur mes genoux sans en sortir, tandis qu'auparavant elle s'était placée tantôt sur madame de Tourzel, tantôt sur Madame Élisabeth.

« Je pensai que cet arrangement était concerté; qu'étant sur moi on la regardait comme dans un asile sûr et sacré que le peuple, en cas de mouvement, respecterait.

« Nous marchâmes tranquillement jusqu'à Pantin. La cavalerie qui nous avait accompagnés depuis Meaux et un détachement de celle de Paris nous servaient d'escorte et environnaient la voiture.

« Lorsque la garde nationale à pied nous eut joints, un peu au-dessus de Pantin, il y eut un mouvement qui menaçait d'avoir des suites.

« Les grenadiers faisaient reculer les chevaux, les cavaliers résistaient ; les chasseurs se réunissaient aux grenadiers pour éloigner la cavalerie. La mêlée devint vive ; on lâcha de gros mots, on allait en venir aux mains ; les baïonnettes roulaient autour de la voiture, dont les glaces étaient baissées. Il était très-possible qu'au milieu de ce tumulte des gens malintentionnés portassent quelques coups à la reine. J'apercevais des soldats qui paraissaient très-irrités, qui la regardaient de fort mauvais œil. Bientôt elle fut apostrophée : « La b..... de g...., la p....., « criaient des hommes échauffés, elle a beau nous mon- « trer son enfant, on sait bien qu'il n'est pas de lui. » Le roi entendit très-distinctement ces propos. Le jeune prince, effrayé du bruit, du cliquetis des armes, jeta quelques cris d'effroi ; la reine le retint, les larmes lui roulaient dans les yeux.

« Barnave et moi, voyant que la chose pouvait devenir sérieuse, nous mîmes la tête aux portières ; nous haranguâmes, on nous témoigna de la confiance. Les grenadiers nous dirent : « Ne craignez rien, il n'arrivera aucun « mal, nous en répondons, mais le poste d'honneur nous « appartient. » C'était en effet une querelle de prééminence, mais qui pouvait s'envenimer et qui aurait pu conduire à des excès.

« Lorsque ces postes furent une fois remplis par les grenadiers, il n'y eut plus de dispute; nous marchions sans obstacles, à la vérité très-lentement. Au lieu d'entrer dans Paris par la porte Saint-Denis, nous fîmes le tour des murs et nous passâmes par la porte de la Conférence.

« Le concours du peuple était immense, et il semblait que tout Paris et ses environs étaient réunis dans les Champs-Élysées. Jamais un spectacle plus imposant ne s'est présenté aux regards des hommes. Les toits des maisons étaient couverts d'hommes, de femmes et d'enfants; les barrières en étaient hérissées, les arbres en étaient remplis; tout le monde avait le chapeau sur la tête, le silence le plus majestueux régnait: la garde nationale portait le fusil la crosse en haut. Ce calme énergique était quelquefois interrompu par les cris : Vive la Nation! Le nom de Barnave et le mien étaient quelquefois mêlés à ces cris, ce qui faisait l'impression la plus douloureuse à Madame Élisabeth surtout. Ce qu'il y a de remarquable, c'est que nulle part je n'entendis proférer une parole désobligeante contre le roi; on se contentait de crier : Vive la Nation!

« Nous passâmes sur le pont tournant, qui fut fermé aussitôt, ce qui coupa le passage; il y avait néanmoins beaucoup de monde dans les Tuileries, des gardes nationaux surtout. Une partie des députés sortit de la salle pour être témoin du spectacle. On remarqua M. d'Orléans, ce qui parut au moins inconsidéré. Arrivés en face de la grille d'entrée du Château et au pied de la première terrasse, je crus qu'il allait se passer une scène sanglante. Les gardes nationaux se pressaient autour de la voiture sans ordre et sans vouloir rien entendre. Les gardes du corps qui étaient sur le siége excitaient l'indignation, la rage des spectateurs. On leur présentait des baïonnettes avec les menaces et les imprécations les plus terribles. Je vis le moment où ils allaient être immolés sous nos yeux. Je m'élance de tout mon corps hors de la portière ; j'invoque la loi ; je m'élève contre l'attentat affreux qui va déshonorer les citoyens ; je leur dis qu'ils peuvent descendre ; je le leur commande avec un empire qui en impose ; on s'en empare assez brusquement, mais on les protége et il ne leur est fait aucun mal.

« Des députés fendent la foule, arrivent, nous secondent, exhortent, parlent au nom de la loi.

« M. de La Fayette, dans le même moment, paraît à cheval au milieu des baïonnettes, s'exprime avec chaleur : le calme ne se rétablit pas, mais il est facile de voir qu'il n'existe aucune intention malfaisante.

« On ouvre les portières ; le roi sort, on garde le silence ; la reine sort, on murmure avec assez de violence ; les enfants sont reçus avec bonté, même avec attendrissement ; je laisse passer tout le monde, les députés accompagnaient, je clos la marche. Déjà la grille était fermée ; je suis très-froissé avant de pouvoir entrer. Un garde me prend au collet et allait me donner une bourrade, ne me connaissant pas, lorsqu'il est arrêté tout à coup, on décline mon nom, il me fait mille excuses. Je monte dans les appartements. Le roi et sa famille étaient là dans la pièce qui précède la chambre à coucher du roi, comme de simples voyageurs fatigués, assez mal en ordre, appuyés sur des meubles.

« Une scène très-originale et très-piquante, c'est que *Corollaire*[1], s'approchant du roi et prenant le ton doctoral, mitigé cependant par un peu de bonté, le réprimandait comme un écolier. « N'avez-vous pas fait là, lui « disait-il, une belle équipée? Ce que c'est que d'être mal « environné! Vous êtes bon, vous êtes aimé; voyez quelle « affaire vous avez là! » Et puis il s'attendrissait; on ne peut se faire une idée de cette bizarre mercuriale; il faut *l'avoir vue pour la croire.*

« Quelques minutes écoulées, nous passâmes, Maubourg, Barnave et moi, dans l'appartement du roi; la reine, Madame Élisabeth y passèrent également. Déjà tous les valets y étaient rendus dans leur costume d'usage. Il semblait que le roi revenait d'une partie de chasse; on lui fit la toilette. En voyant le roi, en le contemplant, jamais on n'aurait pu deviner tout ce qui venait de se passer : il était tout aussi *flegme,* tout aussi tranquille que *si rien eût été.* Il se mit sur-le-champ en représentation; tous ceux qui l'entouraient ne paraissaient pas seulement penser qu'il fût survenu des événements qui avaient éloigné le roi pendant plusieurs jours et qui le ramenaient. J'étais confondu de ce que je voyais.

« Nous dîmes au roi qu'il était nécessaire qu'il nous

---

1. Note en marge, d'une autre écriture : C'est sans doute Coroller du Moustoir, député de la province de Bretagne.

donnât les noms des trois gardes du corps ; ce qu'il fit.

« Comme j'étais excédé de fatigue et que je *haltais* de soif, je priai Madame Élisabeth de vouloir bien me faire donner des rafraîchissements, ce qui fut fait à l'instant. Nous n'eûmes que le temps de boire deux ou trois verres de bière. Nous nous rendîmes ensuite auprès des gardes du corps, que nous mîmes dans un état d'arrestation. Nous donnâmes ordre à M. de La Fayette de faire garder à vue madame de Tourzel; nous confiâmes à sa garde la personne du roi. Il nous dit qu'il ne pouvait répondre de rien s'il ne pouvait mettre des sentinelles jusque dans sa chambre. Il nous fit sentir la nécessité que l'Assemblée s'expliquât clairement, positivement à ce sujet. Nous le quittâmes en lui disant que c'était juste, et nous fûmes sur-le-champ à l'Assemblée pour lui rendre un compte succinct de notre mission. »

II

INTERROGATOIRE D'ANDRÉ CHÉNIER.

(Voir page 58.)

Le dix-huit vantos l'an second de la République française une et indivisible[1].

En vertu d'une ordre de comité de sureté générale du quatorze vantose qu'il nous a présenté le dix-sept de la même anée dont le citoyen Guenot est porteur de laditte ordre, apprest avoir requis le membre du comité révolution et de surveillance de laditte commune de Passy les Paris nous ayant donné connaissance dudit ordre dont les ci-dessus étoit porteurs, nous nous sommes transportés, maison quaucupe la citoyene Piscatory ou nous avons trouvé un particulier à qui nous avons mandé quil il était et le sujest quil l'avoit conduit dans cette maison ; il nous a exileée sa carte de la section de Brutus en nous disant qu'il retournaist apparis, et qu'il était Bon citoyent et que cetoit la première foy quil venoit dans cette mai-

---

1. Le 18 ventôse an II répond au 8 mars 1794.

son, quil étoit a compagnier d'une citoyene de Versaille dont il devoit la conduire audit Versaille apprest avoir pris une voiture au bureaux du cauche il nous a fait cette de claration à dix heure moins un quard du soir à la porte du bois de Boulogne en face du ci-devant chateaux de Lamuette et apprest lui avoir fait la demande de sa démarche nous ayant pas répondu positivement nous avons décidé quil seroit en arestation dans laditte maison jusqua que ledit ordre qui nous a été communiquié par le citoyent Genot ne soit remplie mais ne trouvant pas la personne dénomé dans ledit ordre, nous lavons gardé jusqua ce jourdhuy dix huit. Et aprest les réponse du citoyent Pastourel et Piscatory nous avons présumé que le citoyent devoit estre interrogés et apprest son interrogation estre conduit apparis pour y estre détenue par mesure de suretté générale et de suitte avons interpellé le citoyent Chenier denous dire cest nomd et surnomd ages et payi de naissance demeure qualité et moyen de subsittée [1].

---

[1]. Par la teneur même de cet interrogatoire, que la singularité de son orthographe et de son français rend parfois si difficile à comprendre, on voit que l'agent du comité de surveillance n'avait ni ordre ni mandat pour se saisir de la personne d'André Chénier, mais que faisant une visite domiciliaire chez Mme Piscatory, belle-sœur de M. de Pastoret, ancien procureur général syndic du département de Paris, ancien député à l'Assemblée législative, et, ne trouvant pas la personne qu'il y cherchait, il arrêta André Chénier comme suspect, — c'était le grand mot du moment, — et l'amena à Paris pour être écroué par mesure de sûreté générale.

Les pourvoyeurs du tribunal révolutionnaire ayant mis la main sur une si belle proie se gardèrent bien de la lâcher.

INTERROGATOIRE.

A lui demandé commant il sapelloit

A répondu quil senomoit André Chenier natife de Constentinoble agé de trente et un ans demeurant à Paris rue de Clairy section de Brutus

A lui demandé de quelle ané il demeuroit rue de Clairy

A lui répondue depuis environ mil sept cent quatre vingt douze au moins

A lui demandé quel son ses moyent de subsisté

A lui répondu que de puis quatre vingt dix quil vie que de que lui fait son père

A lui demandé combien que lui faisoit son père

A répondu que son père lui endonnoit lorsquil luy endemandoit

A lui demandé s'il peut nous dire a combien la somme quil demande à son père par an se monte

A répondu quil ne savoit pas positivement mais environ huit cent livre à mille livre par année

A lui demandé sil na auttre chose que la somme qu'il nous declare cy-dessus

A repondu qu'il na pas d'auttre moyen que ce quil nous a déclarée

A lui demande quelle manierre il prend son existance

A repondu tenteau chez son père tenteau chez ses amis et tentot chez des resteaurateurs

A lui demandé quel sont ses amis ou il va mangé ordinairement

A répondu que cetoit chez plusieurs amis dont il ne croit pas nécessaire de dire lenom

A lui demandé s'il vien mangé souvent dans la maison ou nous lavons aretté

A repondu qu'il ne croyoit n'avoir jamais mangé dans cette maison ou il est aresté, mais il dit avoir mangé quelque foy avec les mêmes personnes apparis chez eux

A lui demandé sil na pas de correspondance avec les ennemis de la République et la vons sommé de nous dire la vérité

A repondu au cune

A lui demandé sil na pas recue des lettre danglaitaire depuis son retour dans la République

A repondu quil en a recue une ou deux ducitoyent Barthelémy alorse ministre plénipotensière en Anglaitaire et nen avoir pas recue dauttre

A lui demandé à quelle époceque il a recue les lettre désigniés sy dessus sommé a lui denous les representés

A répondue quil ne les avoit pas

A lui demandé ce quil en à fait et le motife quil lat engagé à sendeffaire

A repondu que ce netoit que des lettre relative à ses interrest particullier, comme pour faire venire ses livres et auttre effest laissé en Anglaitaire et du genre de celle que personne ne conserve

A lui demandé quel sorte de genre que personne ne conserve et surtout des lettre portant son interest personnelle sommé de nous dire la vérité

A repondu il me semble que des lettre qui énonce

l'arrivé des effest désigniés cy-dessus lorsque ses effets son recue ne son plus d'aucune valeure

A lui représenté quil nest pas juste dans faire réponse, dautant plus que des lettre personnelle doive se conserver pour la justification de celui qui à En voyé les effet comme pour celui qui les à recue

A repond quil persiste à pensé quand des particulier qui ne mêttre pas tant dexactitude que des maison de commerce lorsque la reception des fait demandé est accusé toute la correspondance devient inutisle et quil croit que la plus part des particuliers en use insy

A lui représenté que nous ne fond pas des demande de commerce sommé à lui de nous répondre sur les motifes de son arestation qui ne sont pas affaire de commerce

A repondu quil en ignorest du faite

A lui demandé pourquoy il nous cherche des frase et surquoy il nous repond cathegoriquement

A dit avoir repondue avec toute la simplicité possible et que ses reponse contiene lexacte veritté

A lui demandé sil y à longtemps qu'il conoit les citoyent ou nous l'avons aresté sommé a lui de nous dire depuis quel temps

A repondu quil les connaissoit depuis quatre ou cinqt ans

A lui demandé comment il les avoit conu

A repondu quil croit les avoir connu pour la premiere fois chez la citoyene Trudenne

A lui demandé quel rue elle demeuroit alors

A repondu sur la place de la Revolution la maison à Cottée

A lui demandé comment il connoit la maison à Cottée[1] et les citoyent quil demeuroit alors

A repondu quil est leure amie de l'anfance

A lui represanté quil nest pas juste dans sa reponse attendue que place de la Revolution il ny a pas de maison qui se nome la maison à Cottée donc il vien de nous declarés

A repondue quil entandoit la maison voisine du citoyent Letems

A lui representes quil nous fait des frase attendue quil nous a repettes deux fois la maison à Cottée

A reponduc quil a dit la vérité

A lui demandée sil est seul dans lappartement qu'il occuppe dans la rue de Clairy n° quatre vingt dix sept

A repondue quil demeuroit avec son père et sa mère et son frère ainée

A lui demandée sil na personne pour le service

---

1. Il est imposssible de relever une à une toutes les balourdises qui abondent dans les questions que le commissaire interrogateur fait au malheureux André Chénier et auxquelles celui-ci répond avec une fine et douce ironie. Mais celle-ci passe toute croyance. Le commissaire prend l'expression de *maison à cottée*, dont se sert André Chénier en parlant de l'hôtel de Mme Trudaine qui était contigu à celui de Mme de Pastoret, sur la place Louis XV, pour la désignation d'une habitation dont le propriétaire se nommait *à cottée*. Cela rappelle le singe de La Fontaine qui prend le nom du Pirée pour un nom d'homme.

Il y a un domestique commun pour les quatre qui les sere

A lui demandée ou il étoit a lepoque du dix aoust mil sept cent quatre vingt douze

A repondue a paris malade d'une colique nefretique

A lui demandee sy cette colique le tient continuellement et sil elle tenoit le jour du dix aoust quatre vingt douze

A répondue quil se rétablissoit a lors d'une attaque et que cette maladie le tiend presque continuellement depuis lage de vingt ans plus ou moins fortes

A lui demandés quelles est cette malady et quelle est le chirurgien quil le traitoit alors et sy cest le même qui letraitte en core

A repondu le médecin Joffroy latraitté au commancement de cette maladie et depuis ce temps jai suis un régime connue pour ses sorte de meaux

A lui demandée quelle difference il fait d'une attaque de meaux ou de maladies [1]

A repondue quil entendoit par attaque lorsque le mal est un (peu) plus violent et empeche dagire

---

1. Ici la bouffonnerie est à son comble, et la demande du commissaire qui veut qu'on lui explique la différence qu'il y a entre une attaque de meaux et une maladie, dépasse tout ce qu'a pu inventer Molière. On serait tenté de rire de toutes ces sottises débitées avec un imperturbable aplomb, si on ne se rappelait aussitôt que l'on va envoyer à la guillotine celui qui a eu l'audace de s'en moquer. N'a-t-on pas raison de dire que l'histoire de la Révolution ressemble aux drames de Shakespeare, où le burlesque se mêle si souvent à l'horrible?

A lui demandée a quelle epoque il apris le médecin donc il vien de nous parllee et à quelle epoque il a quitté sommé de nous endonné des certificats

A repondue que sa famille le certifira que cettoit de tout temps le medecin de la maison

A lui demandé sy il montoit sa garde le dix aoust mil sept cents quatre vingt douze

A repondue quil la montoit lorsque sa senté le permetoit

A lui demandee sy lors du dix oust quatre vingt douze lorsqu'il à enttandue battre la générale sy il apris les armes pour vollaire au secours de ses concitoyent et pour sauvé la patrie

A repondue que non qu'il étoit en core trop foible

A lui demandée quelle est le motife qui lui en a empechée

A répondue la faiblesse de sa santée dans ce moment

A lui demandée de nous en donnée les preuves par les certificat signiée du cherugien et de la section vue qu'il n'est pas juste dans ses reponce

A repondue quil na nent point

A lui demandee que veux dire cemot a nous est comme quil nen a point

A repondue quil na point de certificat cy dessus énoncés

A lui representés quil est un mauvais citoyent de navoir point concourue à la defense de sa patrie vue que les boiteux et infirme on prie les armes et se sont unie sur la place avec tous les bons citoyent pour y défendre contre les courtisans du cidevant Capet et royalliste

A repondue quil navoit point assée de force de corp pour le pouvoir

A lui demandee sy lord de ceste epoque ses frere et son pere sy etoit rendue avec les citoyent de leur section sur les places defansifs contre les tirand de la Republique sommé de nous dire la vérité

A repondue que son pere etoit vieux et etoit employée a sa section et que son frere etoit vice-consulte en Espagne les auttres ne demeurant point a la maison il y gnoroit ou ils étoits

A lui demandée ou etoit le domestique quil les servoit ou etoit il le dix oust

A repondue quil lignoroit

A lui representé qua lepoque de cette journée que touts les bons citoyent ny gnoroit point leurs existence et quayant enttendu batte la générale cettoit un motife de plus pour reconnoitre tous les bons citoyent et le motife au quelle il setoit employée pour sauvée la Republique

A repondue quil avoit dit l'exate veritée

A lui demandée quel etoit l'exatte véritée

A repondue que cetoit toutes ce qui etoit cy dessue

Et apprest avoir fait la lecture du procest verbale et lavon cleau et signiée et le citoyent Chenier a declaree quil ne vouloit pas signiée

Signé : Gennot, Cramoisin, Boudgoust, Duchesne. Comisaire

III

SANTERRE GÉNÉRAL ET BRASSEUR

[(Voir page 74.)

Après le 10 août, Santerre se fit délivrer un brevet de général employé dans l'armée; mais il n'en continua pas moins son commerce de brasseur. Seulement il eut soin de se faire remettre par la république les dettes qu'il avait contractées sous la royauté; nous n'en voulons pour preuve que la pièce suivante :

Extrait des registres du conseil exécutif provisoire, séance du 6 avril 1793.

« Le ministre des contributions a exposé au conseil les réclamations du citoyen Santerre, maréchal de camp et commandant général de la garde nationale parisienne.

« Le citoyen Santerre est débiteur à la nation du droit sur les bières fabriquées dans ses brasseries pendant les années 1789 et 1790 et les trois premiers mois de 1791, époque à laquelle le droit a été supprimé. . . . .

« Le débet du citoyen Santerre s'élève à 49,603 liv. 16 s. 6 d. Il ne le conteste pas ; mais il prétend qu'il doit en être déchargé parce que le peuple a consommé la plus grande partie de ces bières à l'occasion des mouvements auxquels la révolution a donné lieu ; qu'il n'en a retiré aucun argent et qu'il n'est pas juste qu'il paye des droits sur une boisson qu'il n'a pas vendue.

« En effet, les pièces justificatives que le citoyen Santerre produit, les enquêtes qui ont été faites à sa réquisition et le témoignage rendu par la voix publique, ne permettent pas de douter de la vérité des motifs qu'il allègue pour obtenir sa libération. . . . .

« Le ministre des contributions publiques propose donc au conseil d'arrêter que, sur la demande du citoyen Santerre, aux fins d'être déchargé des droits répétés contre lui par les commissaires liquidateurs de la ferme générale, pour raison des quantités de bières fabriquées par le citoyen Santerre, dans les années 1789 et 1790 et les trois premiers mois de l'année 1791, et, vu la consommation des dites bières faites par le peuple et dans les corps de garde, sans que le citoyen Santerre en ait retiré aucun payement, il demeure bien et valablement déchargé desdits droits ; laquelle décharge tiendra lieu audit citoyen Santerre de toutes les répétitions qu'il a faites ou pourrait faire pour raison des autres dépenses que son dévouement pour la révolution lui a occasionnées pendant les susdites années.

« Le conseil a adopté les propositions faites par le

ministre des contributions et l'a autorisé à prendre les mesures nécessaires pour en assurer l'exécution.

« *Signé :* Clavière, Lebrun, Garat, Gohier, Grouvelle, secrétaire. »

Santerre fut employé pendant quelques mois dans la guerre de Vendée ; mais tous les récits du temps s'accordent à dire qu'il y joua un rôle très-peu brillant. Durant les derniers mois de la Terreur, Santerre ne se trouvait plus à la hauteur des principes ; il fut arrêté quelque temps avant le 9 thermidor. Relâché après la mort de Robespierre, mais dégoûté des honneurs militaires qui avaient failli lui coûter la vie, il donna sa démission le 13 thermidor an II, à sa sortie de prison.

Rentré dans la vie privée, il reprit son commerce ; mais les jours de sa gloire et de sa popularité étaient passés : il vit péricliter ses affaires, et de nouveau sollicita les faveurs de l'État. Santerre s'adressa au ministre de l'intérieur pour obtenir un prêt de 25,000 francs, lui exposant « qu'ayant été l'agent de la loi dans les temps orageux, cela lui a retiré toutes ses connaissances riches et ôté toute ressource. »

Plus tard il écrivit au premier consul la lettre suivante, où l'on voit que l'ex-commandant général de la force armée, au 21 janvier 1793, savait, comme bien d'autres de ses pareils, se plier aux circonstances, et parler, quand il le jugeait utile, le langage de la flatterie. (Nous avons religieusement respecté l'orthographe du brasseur devenu général.)

« *Santerre, général divisionnaire, au général Bonaparte, premier consul de la République.*

« J'ai eu l'honneur de vous demander d'*aler* à l'armée de réserve partager vos dangers; vous avez eu la bonté de renvoyer ma demande au général Berthier, alors ministre; son départ précipité m'a privé de cet avantage.

« J'ai demandé au ministre actuel à être employé; sans votre ordre il n'a *put* probablement le faire, il s'est cependant trouvé des places dans les directoires près les hôpitaux militaires et dans les villes fortes.

« Je vous ai offert, en vendémiaire an IV, mes services; vous ne les dédaignâtes pas.

« J'ai presque tout perdu au service de la république, je ne puis maintenant me passer de vous demander une place. L'on m'a offert le traitement de réforme. J'avais alors de la fortune, je n'ai pas cru devoir être payé sans servir. Depuis l'on m'a interdit politiquement mon habitation au *faubourg Antoine*, ce qui m'a ôté mes *resources* commerciales. Conséquemment, si le gouvernement ne m'emploie pas, malgré mon désir de servir, ayant déjà servi avec succès au 14 juillet, au 10 août et dans plusieurs batailles que j'ai commandées en la Vendée, je vous demande le traitement de réforme, sans pour cela cesser d'être au service de notre patrie.

« Salut, respect et admiration,

« SANTERRE.

« Enclos du Temple, à Paris, ce 16 messidor an VIII.

« *P. S.* Je ne joins à cette lettre aucun compliment ni éloge, je ne pourrais rien ajouter à celui de dire : Bonaparte était à Marengo ! »

On conçoit sans peine que le général Bonaparte se soucia peu d'employer activement le général Santerre. Il avait mieux que lui sous la main. Mais il eut pitié de sa misère ; fit réintégrer Santerre dans son grade et l'admit au traitement de réforme par un arrêté ainsi conçu :

RÉPUBLIQUE FRANÇAISE.

Liberté.   *Égalité.*

DÉPARTEMENT DE LA GUERRE.

« Au nom du peuple français.

« Du 9 thermidor, l'an VIIIe de la République une et indivisible.

« BONAPARTE, premier consul de la République, sur la proposition du ministre de la guerre, arrête :

« La démission offerte par le général de division Santerre des fonctions de son grade, et acceptée le 11 thermidor an II par le comité de salut public, est annulée ; ce général est réintégré et admis à jouir du traitement de réforme affecté à son grade.

« Le ministre de la guerre est chargé de l'exécution du présent arrêté, qui ne sera pas imprimé.

« *Signé* : BONAPARTE.

« Par le premier consul, le secrétaire d'État,

« *Signé* : Hugues MARET. »

Santerre mourut le 6 février 1806, laissant après lui un

nom entouré d'une effrayante renommée, que très-probablement au fond il ne méritait pas. Il avait peut-être rêvé le rôle d'Arteveld, et il ne fut qu'un instrument docile entre les mains de Danton et de quelques autres meneurs habiles.

IV

ASSASSINAT DU DUC DE LAROCHEFOUCAULD.

(Voir page 186.)

EXTRAIT DU REGISTRE DES DÉLIBÉRATIONS
DE LA COMMUNE DE GISORS.

« Du mardi quatrième jour de septembre 1792, l'an IV de la liberté et le 1ᵉʳ de l'égalité. Le conseil général permanent, ouï le procureur général, a arrêté que, outre l'étape accordée aux quatre gendarmes nationaux de Gournay, compris le lieutenant, il sera accordé l'étape pour un jour aux six gendarmes arrivés de Paris, compris le maréchal des logis, et qu'ils seront logés chez le sieur Louis Asseline.

« Par le procureur de la commune a été dit que le sieur de La Rochefoucauld, ayant été arrêté à Forges-les-Eaux, est actuellement, quatre heures après midi, logé en l'auberge de l'Écu de France et qu'il est instant de le faire partir à Dangu, et de là à Vernon, à l'aide de la gendarmerie tant de cette ville que de Paris et d'un détachement de la garde nationale de cette dite ville, accompagné du sieur Jean-Baptiste Bouffart, auquel il a été remis par les mains des sieurs Parain et Corchand, commissaires nommés par le pouvoir exécutif à l'effet de faire auprès des municipalités, districts et départements, telles réquisitions qu'ils jugeront nécessaires pour le salut public et exécution des lois, suivant les commissions qui leur ont été délivrées et dont ils sont porteurs, scellées du sceau de l'État. Ledit sieur Bouffart muni d'un ordre du comité de surveillance, signé, Merlin, Bazire et Lecointre, qui autorise le sieur Bouffart à faire arrêter M. de La Rochefoucauld partout où il se trouvera, ledit ordre, scellé du sceau du comité de surveillance, à l'instant remis audit sieur Bouffart.

« L'Assemblée, ouï de nouveau le procureur de la commune, a arrêté que ledit sieur Bouffart fera partir, heure présente, ledit sieur La Rochefoucauld, à l'aide des douze gendarmes nationaux tant de Gournay que de Paris, et du détachement de gardes nationaux de cette ville, étant de présent en activité, composé d'environ cent hommes, commandé par M. Pantin et accompagné du conseil général de la commune, qui ne cessera sa conduite qu'aux dernières maisons de cette ville pour veiller à la sûreté de la personne dudit sieur de La Rochefoucauld, et au même instant le conseil général s'est transporté à l'auberge de l'Écu de France, où était détenu ledit sieur La Rochefoucauld, et a donné l'ordre d'apprêter la voiture qui devait le conduire, ainsi que sa femme, sa mère et

Mme d'Astorg, et à la gendarmerie et à la garde nationale de protéger ces voyageurs.

« Le conseil général et le corps municipal environnaient le sieur La Rochefoucauld à pied et les autres personnes étaient montées dans un carrosse à six chevaux. Nous, officiers municipaux et notables soussignés, ainsi que la troupe, étions suivis et entourés de plus de trois cents volontaires, tant du département de l'Orne que de la Sarthe, qui étaient logés en cette ville. Nous les avons entendus faire de violentes menaces contre la vie du sieur de La Rochefoucauld en disant : « Nous allons « avoir sa tête, et rien ne sera capable de nous en empê- « cher. » Les uns étaient armés de sabres, pistolets, bâtons, et d'autres, de massues et de pierres. Dans le cours de sa conduite, malgré la protection qu'on désirait procurer à la personne de La Rochefoucauld, et les représentations qui ont été faites auxdits volontaires, il a été atteint d'un coup de pierre à la tempe qui l'a fait presque tomber, lorsque le sieur Bouffart le tenait dans ses bras, et, au même instant, il en a été arraché par plusieurs volontaires qui lui ont porté plusieurs coups de bâtons et de sabres, qui l'ont mis à mort; ils lui ont en outre, après qu'il a été ainsi sacrifié, donné beaucoup d'autres coups de sabres, bâtons et pierres, que l'on n'a pu empêcher, malgré que le sieur Bouffart, accompagné du corps municipal, formassent un rempart qu'ils croyaient propre à le défendre, et que la troupe ait fait tous ses efforts pour le sauver du danger ; et comme le meurtre a été commis vis-à-vis de la chaussée de Cautiers et qu'il était impossible de donner aucun soulagement audit sieur La Rochefoucauld, puisqu'il n'avait en conséquence aucun signe de vie, le corps municipal a fait sauver la voiture qui renfermait les femmes, et le sieur Bouffart a donné ordre aux gendarmes de Paris de les escorter jusqu'à Dangu, en leur observant qu'ils répondaient d'elles personnellement jusqu'à ce qu'il les ait rejoints. Ensuite le corps a été enlevé, assisté du sieur Bouffart et de deux officiers municipaux, et déposé en l'auberge de l'Écu, dans une chambre sur le derrière, où, en présence du peuple, la municipalité entière a fait perquisition dans les poches du sieur La Rochefoucauld ; il a été trouvé deux montres à boîte d'or avec une chaîne d'acier, à répétition, et l'autre marquant les *cantièmes,* garnies d'un cordon de cuir ; une bourse en maroquin rouge, dans laquelle était un louis en or de 24 livres, huit pièces de 15 sols, pour sept livres douze sols de pièces de deux sols, cinq livres deux sols en pièces de six liards, plus un paquet contenant un assignat de 100 livres, quatre de 50 livres, dix-neuf assignats de 5 livres, quatre billets patriotiques de 50 sols et un de 20 sols ; plus une tabatière d'écaille à cercle d'or ; un canif à manche d'ivoire ; un couteau à deux lames dont une d'or, le manche en écaille garni en or ; un cachet remis audit sieur Bouffart ; une petite boîte d'argent et un cordon de soie. Il a été remis, par un citoyen, la canne, dont le défunt était saisi, à deux poignards ; deux mouchoirs blancs ; lesquels effets sont restés entre les mains du procureur de la commune, chargé d'en faire le dépôt au greffe. La redingote et veste, ainsi que la culotte et bottes, bas, chemises, chapeau, laissés à la disposition des nommés Lherbier et Lebel, gardes nationaux qui gardent le corps ; dont et du tout ce que dessus le présent procès-verbal a été fait et rédigé en l'hôtel commun, en présence des officiers municipaux, notables et autres soussignés, lesdits jour et an.

« *Signé :* Bouffart ; Ribas ; Peron, lieutenant ; Laniesse ; Vinot, maire ; Lefèvre, le jeune ; Henri Petit ; Meunier ; Denainville ; Blondel, capitaine ; Pantin, commandant. »

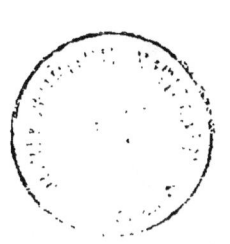

TABLE.

I.	État de la France en 1792. — Louis XVI et Marie-Antoinette. — Les partis.	1
II.	Les Suisses de Châteauvieux.	14
III.	Polémique à l'occasion de la fête à eux offerte. — Article de Marat.	21
IV.	La fête est résolue et dédiée à la Liberté	31
V.	Les Suisses de Châteauvieux admis par l'Assemblée nationale.	36
VI.	Derniers préparatifs. — Article du Père Duchesne.	46
VII.	Description de la fête de la Liberté (15 avril 1792).	50
VIII.	Sa signification. — Les ïambes d'André Chénier.	55
IX.	Le ministère girondin.	59
X.	Sa chute. — Le double *veto*.	66

XI.	Les conciliabules de la brasserie Santerre (16 juin)	73
XII.	Les incertitudes du maire de Paris.	78
XIII.	Conférences des chefs de bataillon.	83
XIV.	Le département interdit les rassemblements armés.	89
XV.	La matinée du 20 juin	93
XVI.	Les faubourgs s'ébranlent.	99
XVII.	L'Assemblée nationale les recevra-t-elle?	106
XVIII.	L'arbre de la liberté planté dans le potager des Capucins. — La terrasse des Feuillants envahie	113
XIX.	La pétition de l'émeute.	117
XX.	La pétition de l'ordre	120
XXI.	Les faubourgs défilent à travers l'Assemblée.	123
XXII.	Invasion de la place du Carrousel.	125
XXIII.	La porte de la cour Royale est forcée.	131
XXIV.	Irruption de la foule dans les Tuileries.	135
XXV.	La royauté en face de l'émeute.	139
XXVI.	L'Assemblée envoie une députation pour protéger le roi.	144
XXVII.	Intervention tardive du maire de Paris.	147
XXVIII.	Le roi peut entrer dans ses appartements.	154
XXIX.	Défilé devant la reine et le prince royal.	156
XXX.	Le Château évacué. — Séance du 20 juin au soir.	160
XXXI.	Séance du 21 juin. — Dialogue entre le roi et le maire.	166
XXXII.	Adresse de Louis XVI aux Français. — Acte du corps législatif. — Protestations contre le 20 juin.	170
XXXIII.	Enquête sur la conduite du maire	177
XXXIV.	Suspension du maire et du procureur de la commune.	181
XXXV.	Indécision du roi. — Agitation populaire.	187
XXXVI.	Le roi confirme la suspension, la Législative la lève.	192

TABLE.

xxxvii. Réinstallation de Pétion et de Manuel 196

xxxviii. La deuxième fédération (14 juillet 1792). — Triomphe éphémère de Pétion. 201

NOTES.

i. Le retour de Varennes raconté par Pétion 207
ii. Interrogatoire d'André Chénier 235
iii. Santerre général et brasseur. 245
iv. Assassinat du duc de La Rochefoucauld. 251

FIN DE LA TABLE.

PARIS. — IMPRIMERIE DE J. CLAYE, RUE SAINT-BENOIT, 7.

www.ingramcontent.com/pod-product-compliance
Lightning Source LLC
Chambersburg PA
CBHW050333170426
43200CB00009BA/1575